决定孩子一生
成功的父母都明白

—— 你最想要的教子书

井中月◎著

重庆大学出版社

内容提要

家庭教育中,父母最缺的不是空泛的理念,而是具体生活场景中的行动指南。父母在关键场景中的应对,决定着孩子的一生。

本书作者是多家家庭教育杂志的专栏作家、家庭教育博客的超爆人气博主。本书作者在与几十万人次读者沟通的基础上,提炼出82个决定孩子一生的生活场景及应对智慧。

年轻父母们必读。

图书在版编目(CIP)数据

生活场景中的教子智慧——你最想要的教子书/井中月著.
重庆:重庆大学出版社,2012.6
ISBN 978-7-5624-6662-8

Ⅰ.①生… Ⅱ.①井… Ⅲ.①儿童教育—家庭教育
Ⅳ.①G78

中国版本图书馆 CIP 数据核字(2012)第 084061 号

生活场景中的教子智慧
——你最想要的教子书
井中月 著

责任编辑:屈腾龙 版式设计:屈腾龙
责任校对:秦巴达 责任印制:赵 晟

*

重庆大学出版社出版发行
出版人:邓晓益
社址:重庆市沙坪坝区大学城西路 21 号
邮编:401331
电话:(023)88617183 88617185(中小学)
传真:(023)88617186 88617166
网址:http://www.cqup.com.cn
邮箱:fxk@cqup.com.cn(营销中心)
全国新华书店经销
重庆升光电力印务有限公司印刷

*

开本:890×1240 1/32 印张:10.375 字数:231 千
2012 年 6 月第 1 版 2012 年 6 月第 1 次印刷
ISBN 978-7-5624-6662-8 定价:28.00 元

【序】

朱小蔓 | 中国陶行知研究会会长
中央教育科学研究所原所长

　　今年是我国伟大的人民教育家、毕生倡导和推动生活教育的陶行知先生诞辰120周年。明年又将是我国现代儿童教育之父、"活教育"的伟大倡行者陈鹤琴先生诞辰120周年。怀念先贤,弘扬他们崇高的爱国与人文精神,在今天的社会创造良善的教育当是后辈的责任。

　　值此之际,我欣慰地看到在教育越来越受到商业化、功利化思潮侵蚀,日渐偏离培育完整的人之价值目标的今天,这本《生活场景中的教子智慧》能够认真、严肃地探讨家庭以及家庭生活,探讨如何在今天的社会情势下为儿童的成长带来更为积极而可行的影响。

　　家庭,是社会的细胞,是儿童生命成长的第一环境。家庭教育带给孩子最有价值的地方,主要是品格和情感、习惯的培养。好的家庭生活对孩子的滋养,让孩子感觉到安全、愉悦、被尊重、被关注、被接纳,从而自我悦纳。因此,孩子便得以锻炼出自主选择、独立解决问题,以及面对挑战和挫折的能力。这样内心充实、富足的孩子,将更有勇气为自己负责任,为他人负责任,将来也才可能为国家和社会负责。而以上所有这些,并不是等到孩子六七岁以后的小学,也不能仅靠幼儿园里习得,而恰恰是良好的家庭教育、家庭氛围为孩子的情感、习惯,以及性格与人格奠定适时而牢固的基础。

1

陶行知、陈鹤琴推崇利用生活进行活教育。家庭生活中自然发生的事件、关系、情感、矛盾、疑问等生活元素,都是天然存在、自然发生的,而并非人为刻意营造出来的教学教案,因此更具有普遍性和真实性,也最接近儿童的生活状态。

在0~7岁幼儿的家庭生活中,如果善用这些机会点对儿童进行教育和引导,则省却了孩子进入社会后对其"再教育"的种种麻烦。所谓的"无为而治",恰恰是父母在生活中体现出了大智慧;当然,陶先生、陈先生推崇的生活教育、活教育并不意味着所有的"生活"都能被称之为教育环境。现代中国的不少家庭,本身就有许多不合理、不健康、乃至反教育的种种问题。因此,如何为了子女的成长而调整家庭生活的状态,也是大有必要加以考虑的。

经历几十年的教育生涯和研究积累,我希望给家长们提一些建议:

1.不要忽略生活本身具有的教育功能,也不要试图通过金钱来解决孩子的教育问题。孩子身心与精神发育的起点永远都在家庭,父母本人实际发挥着最重要、最现实,也最有意义的教育影响。不可指望用钱托付给社会教育机构而让渡作父母的责任,因为真正关系到子女的品性及其终生幸福的问题,只能靠父母自己的用心对待及付出。

2.不要把教育孩子的着眼点仅仅放在知识与认知发展上。没有健全的人格与品行,孩子即便有非凡的天分和接受了海量的知识训练,也不能够获得完整的生命和真正享有完满的人生。因此,一定要清楚教育子女的真正目标是什么,不要舍本逐末。

3.对于孩子表现出来的问题,仅仅用表面的、简单的压制是不可能真正解决问题的。缺乏对问题背后原因的深入分析和反思,只会让你错过教育孩子的最佳时期,并且让小问题不断地滚雪球。

4. 要肯于反省自身,以及现有生活中不够好的状态,不要让孩子以你为榜样而越走越偏。在学习必要的教育理论与方法的同时,还需要亲身摸索并掌握一定的亲子教育技巧。只要家长肯提升和改变自己,对子女就是健康积极的影响。

《生活场景中的教子智慧》对广大父母有益之处在于,作者从日常生活出发,围绕儿童生活的方方面面,用大量真实、生动的例子,深入浅出地讲解一些重要的教育理论观点,并将之变成了容易理解和操作的亲子教育方法,便于在家庭中实践。

本书中的很多内容对于0—7岁儿童的父母来说,值得耐心阅读和回味,富有启发,家长们不妨对照自己家庭的生活,多角度的检视和参考。

祝愿所有的家庭,都能够成为让生命的种子生根、发芽、茁壮成长的土壤;而所有的孩子,都能依循生命的潜能,以向善、崇美、创造的天性,健康、自由、愉悦而又生机勃勃地成长。

是为序。

2011 年 12 月　于北京

目 录

生 活 场 景 中 的 教 子 智 慧

——你最想要的教子书

1. 先来了解孩子

2. 父母的教养理念

1

5. 与孩子沟通的智慧

6. 游戏是最好的教育

✐ **作者后记**

1. 先来了解孩子

在陪伴孩子成长的岁月里，很多父母都是"快乐并痛着"：孩子从出生到会走，从哇哇啼哭到伶牙俐齿，每一个阶段都让我们有新的发现和新的满足，而同时，也会让我们偶尔身心疲惫和困惑无助。

在解决如何教育好孩子这个看似庞大的问题之前，我们需要先从试着了解自己的孩子开始，也算是不打无准备之仗。由于内容繁多、篇幅有限，本书不打算列举所有的儿童心理、生理发育的理论，而且大部分家长对此也望而生畏。

好在，我们可以挑出一些生活中最有代表性的例子，在场景中帮助你轻松了解自己的孩子。

场景 1 "抢玩具"是成长的信号

最近，总有朋友问我，怎么处理 3 岁左右孩子之间抢玩具的事情。本来我不以为然，但问的人多了，就发现抢小朋友的玩具，是很多孩子的"通病"，也是家长们共同的苦恼和困惑。

其实对这个问题，成人也有类似的情况。当我们看到一件喜欢的东西时，在内心中都希望自己也能拥有，不管开不开口，你的心态都会被身体语言暴露无遗。对于孩子，也是如此。

1. 幼儿抢玩具是一种交往方式

3 岁的幼儿已出现了自主意识，常表现出笼统的、不准确的特点，同时自我意识开始发展，刚建立属于"自己"的概念，但对物质需求度不高。4 ~ 5 岁是自我控制能力发展的重要转折期，自律开始建立。

在道德方面，其判断依据是看一个行为的物质结果，与成人的道德观念相差极远。这个阶段强调自我，符合自己需要就是正确的。在习惯方面，6 岁前的孩子无定性的表现很正常，想让一个不到 4 岁孩子有很强的自律，基本不可能。

所以，3 岁是孩子发展的一个"坎"。幼儿好奇心强，所有权概念刚刚建立，他们会认为所有东西都是自己的，见到好东西就渴望拥有。几个年龄相近的孩子在一起玩，往往会发生抢玩具的现象。这种行动在前、思维在后的方式，导致孩子对"抢玩具"这一行为的对错虽有一定感性认识，但实际控制不住自己。孩子只有在比较理解物权概念，确信属于自己的东西不会被夺走，并体验到分享的乐趣以后，才愿意与其他人分享。

正是因为自我保护意识强，3 岁左右的孩子抢玩具是很正常的现象，也是孩子交往的一种方式，是孩子已经成长、脱离婴儿期的标记。孩子的自我保护的意识，使孩子和其他孩子玩玩具时，理所应当认为所有玩具都是自己的。所以，这个阶段发生了"抢"玩具，不仅无害，家长不必为此多虑，且还有利于孩子社交能力发展和心智的健康。

2. 学会分享

虽然 3 岁左右幼儿抢玩具是很正常的，可家长需要帮助孩子学会与他人分享。而想让孩子学到分享，就需要从生活中的小事情做起。如：

1）家中不要过度以孩子为中心，要建立平等对待每个家庭成员的环境。

2）对非孩子专有的东西，如水果，一定要先切好与家人一起分享，不单独给孩子，甚至可按年龄大小，最后一个给孩子。

3）灌输物品所有权概念，自己的东西就是自己的，可以给别人，也可以不给。

4）尊重孩子，在征求同意的基础上，找机会借用孩子的东西，而且有借有还。

5）对自己的某个物品，明确告诉孩子不能动，如书桌上的东西不经允许不能拿。

另外，针对孩子容易抢玩具，做一些准备是很有必要的，比如：

1）去别人家做客，可让孩子带着一样玩具去。

2）由于3岁孩子不会共同游戏，因此类似玩具最好有几个，减少被"抢"的可能性。

3）不要强迫孩子与其他人分享玩具，或批评孩子自私，否则会适得其反，加重孩子的自我保护，更不能让他变大方。

4）你孩子的玩具被其他孩子抢走，且拒绝归还，父母要帮助孩子把玩具要回来，让孩子感受到呵护。同时告诉抢玩具的孩子，要先得到玩具主人的允许，才能玩，不能抢。

5）你的孩子抢了别的孩子玩具，如果孩子拒绝归还，你要马上拿过来，并还给人家，不管孩子是否哭闹。

等孩子长大一些，就会明白与自己的好朋友分享东西，比自己一个人玩要有趣多了。

3. 针对 4 岁以上孩子抢玩具

如果4岁以上的孩子还抢玩具，这说明孩子自我中心感强，依然没有学会与人沟通和交往。按理说，4岁孩子对于物品的所有权已有较清楚的概念，这时，孩子还不会分享玩具，是其成长滞后的"信号"，那就需要进行各种对应教育了：

1）抢玩具可能是孩子缺少沟通的技能。平时要鼓励孩子，让其把自己想做的事情先说出来，逐渐养成思维在前、行动在后的好习惯。

2）对孩子的要求，哪怕是合理的，找机会适当进行延迟满足的训练。

3）对孩子不恰当的要求，该拒绝的时候必须说"不"，要让孩子能够承受被拒绝。

4）不与孩子玩打人、争抢东西的游戏，而要把排队、轮流、规则等概念贯穿到游戏里。

5）通过绘本，让孩子体会被抢、被欺负的痛苦，学会同情怜悯。

6）孩子想要属于你的东西时，适当要求进行"交换"，借机要求孩子把喜欢的图书或玩具借给你。

另外，当孩子玩玩具时进行分享教育是不可取的，分享教育是家长通过平时生活场景来进行。比如家里买的水果、食品等，不要明确对孩子说是给他们的，而是在食用时分好份，一定保证每个家人都有。

4. 家长需要关注的事情

当孩子明白自己的玩具，借走后还会还的这个道理后，自然会愿意和别人分享自己的玩具，并在共同玩的过程中感到快乐。当然，孩子们在一起玩玩具时，家长还是有事情需要关注和处理的：

1）其他孩子来自己家，允许孩子先将最珍视的玩具收起来，尊重孩子的感受，减少孩子之间因为不愿分享玩具而争吵的风险。

2）最好是参与孩子的玩，同时将分享与合作的概念传递给孩子，并让孩子理解分享并不是把自己的东西给别人，而是大家一起玩。

3）抢玩具也是一种交往，不要随便替孩子做主。只要不哭着求助，或发生打人情况，都可以暂时旁观。孩子在一起玩就会有争执，但从中也可学会如何与人沟通和如何处理争执。

4）如果真发生抢玩具的纠纷，不管哪个孩子动手打人，都要抓住孩子的手，温和而坚持地告诉他这样不对，直至孩子不打人为止。

5）孩子想玩别人的玩具，家长要鼓励他去和小朋友协商，可以建议孩子拿一样自己的玩具和对方交换，或者陪着他去和对方商量，答应过一会儿一定还。如果对方不愿意交换或者分享，要让自己孩子尊重对方的意见，同时也让他学会接受现实。

如果你的孩子已习惯了"独占"最好的物品，介绍一个方法，看是否可以解决问题：

买一个孩子喜欢的新玩具，告诉他这是属于全家人的。玩的时候，用闹钟声响来控制玩玩具时间。如先定一个长时间段，让孩子玩，闹钟响后，轮换其他人玩。此时孩子也许会耍赖或是哭闹，但家长一定要坚持约定的规则，只不过态度一定要温和。等到孩子让出玩具以后，给孩子一个拥抱、亲吻，或者一张小贴纸作为奖励。经过一段时间的循环后，逐渐缩短每个人玩玩具的时间。坚持一段时间，孩子就可以适应闹钟限制加奖赏的方式，也会知道按顺序来轮流玩了。

场景2 总在出错不是错

有段时间，我3岁的女儿经常出错，我也难免会着急。可是我反思后，发现还真不能简单判定这就是孩子"出错"：我们看到的"错误"，真的是孩子犯错误吗？当孩子真的是犯错误了，我们作为家长，所采用的方式是恰当的吗？

让我们先看下面的例子：

例1：孩子在画画，画面是描述大自然的，但孩子在画草坪时，把小草画的乱七八糟，与画面极其不协调，真是难看。此时，你是怎么想的，怎么做的？

有些父母看到这样，会急于发表自己的评论，甚至想要去制止孩子，让他们按照父母的想法改过来。但是，你知道孩子为什么这样画吗？也许，孩子是按照自己的观察和想象，故意这样画的，他描述的是风雨后的场景，或是小草被动物踩乱了的样子。

家长这样的表现，实际上是在以成人的视角来看孩子，还总希望把自己的意见强加给孩子。但这样做，不仅极大地限制了孩子的想象力，而且还让孩子感觉不被尊重。所以，家长大可不予干涉，等孩子创作完了再听听孩子对画的解释。

例2：孩子小，不懂爱惜东西，拿着一个玩具玩着玩着就扔了，你严厉地说："有本事你再扔一次！"结果，孩子真又把玩具给扔了。此时，你是怎么想的，怎么做的？

这种情况发生后，你会不会火冒三丈？说实话，如果发生这样的情况，你的孩子比你还委屈！幼儿很难明白反话正说，不明白你说话的真实含义，于是，孩子真按照你说的去做了！

当然，说孩子乱扔玩具不好，这也是成人的标准，而对从来没有要求这样的孩子而言，也是没有错的。当然，若孩子是4岁以上，这真的是故意了。

例3：孩子从冰箱里拿出一瓶牛奶，谁知手一滑瓶子掉在地上，牛奶全洒了！此时，你是怎么想的，怎么做的？

孩子小的时候，身体协调性不足，他们想自己做事，但往往"结果"不尽如人意。这里引用一个例子，据说是科学家斯蒂文·格伦孩童时的事。他妈妈是怎么处理的，大家看完应该会有所感受。

妈妈看到牛奶洒了，没有责备地说："格伦，你做了多棒的垃圾！我还从没有见过这么大的一滩牛奶呢！既然已经这样了，儿子，你愿意在'奶河'里玩一会儿吗？""当然！"格伦高兴地玩了一会儿后，妈妈又说："不管怎样，你把地弄得一团糟，你得打扫干净，我们可以用海绵、拖把或抹布，你喜欢用哪一种呢？"格伦选了海绵，和妈妈一起收拾好地板上的牛奶。干完以后，妈妈又说："今天我们做了一个失败的尝试，没能让你的小手抓住这个牛奶瓶子。现在，我们到院子里去，给瓶子装满水，看看你能不能发现怎样抓得住、掉不了？"格伦很快就发现，只要他两手握紧瓶嘴的那部分，瓶子就不会掉下了。

例4：你的某位邻居与你关系很好，有一次邻居来串门时，孩子正在看书。你让孩子跟客人打招呼，可孩子却根本不理你。此时，你是怎么想的，怎么做的？

发生这种情况，你是否觉得特别没面子，认为孩子不懂礼貌？其实，孩子发生这样的情况，也许是孩子太入迷、太专注了，没有听见你说的；也许，孩子是真的不"喜欢"这个邻居。

对于第一个原因，如果你强行打断孩子，这就会破坏孩子的注意力。而对于后者，孩子没有必要和你一样，有同样的喜好。孩子不喜欢一个人，有可能是你根本没有注意的原因，例如对方身上有烟味，或是这个人曾经踢了别人的狗，孩子不喜欢这样的行为。所以，了解孩子，就要站在他们的立场去看问题。

例5：周末你带孩子出去玩，你承诺会找出风筝给他带上。可是第二天大家都忘记了，大家出门后孩子才想起来，不依不饶地非要他的风筝，并且当众哭闹。此时，你是怎么想的，怎么做的？

遇到这样的情况，你第一反应是不是孩子太"无理取闹"了？如果孩子不能停止哭闹，你会不会用"高压政策"强迫孩子住嘴并认错？

其实明明是我们错了，可是我们却一点都没有察觉到，反而还觉得孩子不懂事。本来我们完全可以利用这个机会让孩子懂得，家长也会粗心大意，也会犯错，但家长会坦白承认自己的疏忽并真诚道歉。我们还可以趁机和孩子一起讨论，下次怎样做才能不忘掉任何一样东西。

通过上面的案例，我们应该明白：家长要能从消极事件中，发现积极因素，首先肯定孩子做事情的积极方面，而不对结果做出

"道德"评价。特别是当孩子的"错误"是出于他们的好意，就更不能因为结果不好就去否定孩子的动机。常常被否定的孩子，长大了以后怎么可能不畏手畏脚呢？

肯定式的纠正法，既保护了孩子的正当想法或做法，又不会破坏孩子的情绪，因此孩子更能开放地与你沟通。另外，当孩子意识到不用担心"错误"的后果时，他们会更加坦然地面对自己的"错误"，不仅可以从中汲取教训，更可以继续放开手脚去尝试和探索。

场景3　故意破坏自己衣服

有时候孩子会出现"破坏"行为，例如故意破坏某一个玩具、故意撕掉某一本书，或总是看某一件衣服不顺眼。当孩子出现"破坏"行为，家长不要先想着怎么处理，而是要想想背后的原因。否则你不仅治不好孩子的"毛病"，还有可能导致"病情"恶化，延误了治病的最佳时间。

1. 场景

一个朋友偶然跟我说起孩子的笑话，说她6岁女儿特别"费"牛仔裤，一条牛仔裤穿不了几次，基本就不能穿了，已损坏了几条了。我听了感觉很奇怪，牛仔裤最结实耐磨，就算质量不好，也不至于穿几次就不能穿了，更何况还接二连三地"牺牲"。仔细一问，原来，是孩子经常往牛仔裤上抹颜料，甚至故意倒菜汤，还曾用手工剪刀剪裤脚。而裙子和其他的裤子，倒没有"惨遭毒手"。

我仔细想了想，孩子单单去破坏牛仔裤，会不会是因为孩子讨厌牛仔裤，而情绪又发泄不出来，所以故意"加速"牛仔裤的损坏呢？另外，如果只是一条牛仔裤"损坏"，还有偶然性在里面，但连续的"损坏",就是典型的"有意"行为信号。

2. 孩子为什么这样做？

当家长遇到这样的问题，如果简单要求孩子不这样做，就算你道理说上了天，孩子依然可能再"犯"。若你采取"强制"手段，如打骂、训斥，其效果会有一时，但这可能在未来造成更大的麻烦。

好，让我们一起来分析一下，看孩子为什么会有"破坏"的行为，原因分析不局限于上面说的"牛仔裤"事件：

家长对孩子破坏行为的看法：

● 孩子是故意的、成心的；

● 孩子太调皮、捣乱了，真不懂事；

● 孩子太不爱惜东西了，又让我白白损失钱；

● 孩子肯定是任性、要挟；

● 尽给我添麻烦；

孩子的内心想法：

● 你不关注我，我就故意破坏！

● 这东西真好玩，里面都有什么呀？

● 这东西怎么装不回去了，藏起来吧！

● 爸妈就是这样做的，所以我只是"学习"而已；

● 这东西真难看，坏了就可以有新的了；

● 这样做挺好玩的；

● 我想要那个，不喜欢这个。你不给，那我就把这个弄坏！

● 你不让我干这个，我就摔玩具！

● 你给弟弟妹妹买新衣服，不给我，我就把他们的新衣服剪坏；

● 我打不过你、说不过你，那我就暗地里搞破坏；

孩子内心这么做的原因是：

● 我需要关注和爱护；

● 好奇、有趣和探索；

● 就是模仿；

● 赌气、报复；

● 对破坏的东西，不喜欢、厌恶；

● 发泄心中的愤怒、嫉妒；

孩子的期待和渴望：

● 爸妈可以多陪我一会；

● 我很好奇；

● 能给我真正想要的东西；

● 我想要公平，希望得到尊重；

● 希望爸妈能理解我的想法；

● 我要自由；

● 我能开心一点；

孩子自己心目中的"自己"：

● 我只是一个孩子，我害怕和需要帮助；

● 我只是一个孩子，但我也有自己的想法；

● 我只是一个孩子，许多事情我还做不好；

● 我无法抵抗我想要的东西的吸引；

所以，当一样物品被孩子弄坏后，家长要冷静地细察缘由。首先你要看孩子是有意还是无意；其次要看孩子这样做的出发点是什么。只有这样，你才能比较清晰地知道孩子的所作所为，也只有这样，你才能采取有效的教育方法，让孩子真心接受。

3. 实际案例中的原因

好了，现在回到我朋友女儿的问题上。从现象上看，只是牛仔裤损坏，其他裤子都没事，并且是多次发生。最大的可能是孩子不喜欢牛仔裤，或穿牛仔裤让她不舒服！也有可能只是她想穿其他裤子，父母不允许，孩子就想办法"对抗"。但到底是什么原因，还需要向孩子进一步了解。

此外，我感觉我朋友的教育方式，方法过于简单，喜欢给孩子讲道理，并严格要求孩子"有规矩"。而孩子呢，宁肯不和他们说话，也不敢与母亲之间发生正面对抗。我这位朋友丝毫没有察觉孩子内心的沉默抵抗，还觉得女儿很听话呢。正是由于妈妈的"压力"以及自己的"弱小"，使孩子生怕受到责备而有话不敢说，于是就想出她能做的方法：破坏。

由此我们看到，孩子在不停地利用各种"行为"信息告诉我们他们的感受，只是家长经常"忽视"孩子的信号！

后来，我朋友说女儿果然是感觉穿牛仔裤不舒服！在和孩子沟通过程中，孩子说到有一次穿全新牛仔裤去游乐场玩，裤子太硬把大腿根都磨疼了。虽然当时孩子就说不舒服，可妈妈却没当回事，还嫌她事多。往后她就不喜欢穿牛仔裤了，而爸妈却非要她穿！

所以，孩子的想法和需求一直没有被父母重视，相反还强迫她穿曾把她腿磨痛的牛仔裤，孩子只好把"怨气"撒在牛仔裤上了。经过亲子谈话后，孩子答应以后不这样做了，而我朋友也决定以后要认真对待孩子的意见，并尽量给孩子选择。

场景 4　孩子求助时该不该帮

前不久，我听说了这样的一件事情：

1. 场景

某幼儿园比较崇尚让孩子自主学习，并鼓励孩子们多进行户外运动，冬天也不例外。有一次，一个 4 岁左右小女孩带着手套玩水，结果手套微有结冰，于是去找老师。老师在看书，认为孩子可以自己解决，就让其自己摘手套。小女孩只好自己想办法，最终取了下来，但手却有些冻伤。

看到这里，也许大家虽然有点不忍心，但还是比较理解老师的做法，至少这样可以锻炼孩子自己动手、自主解决问题的能力。可是，谁想过孩子的心情和感受？

2. 如果是你遇到类似情况

我来描述另外一个场景，大家来比较一下：

某天你在公司上班，你需要拿一件东西，这东西是你旁边同事顺手就可以拿到的。你请求同事帮你递过来，可她说正忙着，让你自己去取。确实，你走几步就可以拿到，但你听到同事这样说，不管对方是否真的忙，你有什么感觉？如果反过来，你是那个说自己正在忙的人，你这样说又会给对方什么感受呢？

我想，同事这样回答你，十有八九你心里不太高兴，举手之劳的小事对方却拒绝帮忙，难免让人心中有疙瘩。不管对方是否真的是有意，但这种反应都有可能让你不舒服：这人怎么这样？她是不是对我有意见啊？这点小事都不肯帮忙，看来以后趁早少来往吧。唉，真郁闷，心情都变差了……。

其实，成年人的人际交往中，我们对对方的倾听，对其精神层面的呼唤和内心的需求，往往会忽略。当我们向一个人请求帮助时，往往不是我们自己做不到，更多的是寻求理解，以及感情上的需要。

对于孩子而言，他们遭遇这样的情况，也许不会有太多的想法，但结果会比我们成人更严重，因为他们会对我们是否值得信任产生疑问。由于年龄和能力的限制，孩子经常不能清晰地表达自己的需求，需要家长设身处地替孩子着想。

对幼儿来说，建立信任感的有效方法，就是真诚积极的回应和关注他。所以，当孩子向你寻求帮助时，也是孩子和你沟通的过程。从中，他们渐渐在内心建立起对人的信任，同时也对陌生的世界产生信任。

𝟑. 对孩子请求帮助要积极响应

从孩子的心理上看，他们寻求帮助的时候会有下面几种情况：第一，不一定是真的需要帮助，而是希望你和他/她在一起；第二，自己还做不好，比较费力，有你帮助会感觉好一点；第三，真的不会做，希望帮忙。

所以，你的孩子向你寻求帮助，千万要有对应的响应，不能置之不理。家长要让孩子明白，我们就在他们身边，随时可以提供给他们需要的帮助。这对提高幼儿的安全感非常好。孩子天性是喜欢探索，但只有在他们感觉到充分安全、踏实时，才能勇于面对外面的世界。

在孩子的眼里，这个世界上有太多他们不理解、不能控制的事情，内心一定会有困惑和惶恐。学会理解孩子，是孩子成长的强烈渴求，也是家庭教育的关键所在。这需要我们摒弃成人的思维方式，学着用孩子的眼光去看世界，去思考问题。

也许有人会担心，这样是否会导致孩子丧失主动性？其实，这种顾虑不是没有道理。但是，3～5岁的孩子，其心理发展的主要任务在于争取活动和行为的自主性、自由权，使自己感觉到"我能行"的力量。所以，孩子的天性就是想要自己去摸索和尝试，想自己完成一项"任务"。我们不必担心我们帮助了孩子，会让他们无法独立自主。

需要强调的是，对孩子的积极响应是第一位的。当我们放低姿态，弄清当时孩子的真实心理后，针对孩子需要的帮助，是可以分别对待处理的。也就是说，不是孩子一提出帮助就一定马上帮忙，而是在这个互动过程中让孩子学会解决问题的方法。

另外，当孩子没有主动提出请求帮助时，家长或老师是可以继续旁观的，以免干扰孩子的自主探索。但是一旦孩子可能面临危险的时候（孩子还不能完全自我保护），家长一定要主动介入，尽到家长的看护职责。

　　回到最初的例子，我认为老师处理得不够恰当。假若是我，我会先观察孩子的心态，如果孩子表现平稳，就会建议"我帮你牵一个边，然后你自己来?"；若情况比较急，就会说"我帮你摘一个手套，然后你自己来?"；当孩子已感觉到疼痛，就二话不说，直接帮助孩子摘了。

场景 5 小男子汉能哭吗？

我女儿从小就淘气，性格也比较强势，再加上我们的"粗养"，使得她和男孩一起玩也很少"吃亏"。在她 3 岁多时，就因"抢玩具"，把一个同龄的男孩给惹哭了。

1. 场景

某个周末，约了几个女儿幼儿园的小朋友和家长，一起去野餐。大家带了帐篷、玩具，想让孩子们"疯"一下。玩的过程中，我女儿和一个男孩都想拿某个玩具。我女儿身手敏捷，"蹭"的一下就抢先抢到手里，扭头就跑去找其他小朋友玩了。结果，小男孩没有拿到想要的玩具，愣了一下就哭了。

一般出现这种事情，我通常都是不会"出头"的，但我会在旁边观察孩子们的反应。此时，小男孩的父母走过来，妈妈说："别哭了，宝贝！我们可是小男子汉哦，这么哭可不好呀！"可小男孩父亲却说："就这还男子汉呀？小女孩才哭呢，赶紧闭嘴别哭了！"

有过类似经历的父母一定知道，接下来孩子会哭得更厉害了。

2. 男孩凭什么不可以哭

在 3 岁左右男孩子一哭闹，我们就常听到类似上面父母这种指责。问题是：男孩子可不可以哭？会哭的男孩子就不是男子汉？

对于这个问题，恐怕不能简单地说对与不对。在孩子幼时，哭不仅仅是情绪的发泄，还有一些是社交功能。所以无论产生哭的原因是对还是错，强行阻止孩子的哭，孩子内心的消极情感就因为不能宣泄，而一直被压抑和堆积。

想正确应对"哭"这个问题，首先家长要明白孩子哭的内在含义：

1 岁孩子的哭，主要是生理方面的诉求；2 岁时主要是亲密和安全感的需要。3 岁开始，孩子的哭就有越来越多的"功能"了，例如恐惧、委屈、吸引关注、情绪表达、分离焦虑的反应、不知如何表达的焦急等。孩子到了 5 岁以后，很多时候哭是为了自主，为了控制关系，或是愤怒的变相表达。而到了 7 岁，孩子的哭除了撒娇以外，就主要是表达悲伤了。

对于 7 岁以前的孩子，对新事物、新环境的适应能力还比较弱，加上现在基本都是独生子女，缺乏足够多的感情交流和游戏伙伴。当遇到自己不能处理的事情时，经常用哭来表达心中的情绪，释放心中的压力。

3. 哭背后的原因

遇到孩子哭，单纯地让孩子停止哭泣不一定能解决问题，要看哭背后的原因，再对症下药。那哭泣都有什么"背后"原因？

　　第一，由于孩子小，语言表达还不很清楚，常以哭来表达挫折感和情绪。特别是男孩子，语言表达能力的发展通常晚于女孩，家长更需要耐心等待。解决方法就是教会孩子清楚地表达自己的困扰，把自己的想法说出来。此时，父母要耐心倾听孩子诉说出自己的感受，有针对性地帮孩子解决问题。

　　第二，孩子由于恐惧而哭，如家长训斥、父母的争吵，父母忽然消失不见，或孩子对未知事物的不了解。所以，解决方法就是针对孩子的恐惧所在，安抚孩子情绪，并且让孩子相信，那些让他害怕的事情，不是真的会伤害他。这里顺便提一下，简单粗暴地责骂孩子，不仅不能解决问题，还有可能让孩子未来也会模仿你的行为，用同样的方式来解决问题。

　　第三，家长喜欢讲道理，孩子无法辩解，也说不过你。大家仔细回想一下，我们讲道理时，是不是看似很民主、很讲道理，而且认为我们讲的就对？而孩子发现每次和父母"辩论"，就算自己真有道理，但碍于表达和逻辑的复杂，他们怎么也讲不过家长，有时一着急就什么都说不出来了。孩子面对"大道理"，只能无奈、委屈地哭了。

　　第四，孩子被贴上"敏感、爱哭"的负面标签。4岁左右的孩子，有做家长心目中的"好孩子"倾向。家长当着孩子和外人嘲讽孩子"爱哭"时，孩子的自尊心就会受到创伤，以后就难以摘掉此负面标签。孩子的承受力是有限的，一定要用理解和共情来回应，帮孩子从困境中走出来。

　　第五，缺乏自尊心的孩子易敏感而哭泣。孩子在成长过程中，有一个很大的任务就是克服自卑感。所以，面对低自尊心的孩子，一方面要有意识地多表扬和鼓励，另一方面也要讲究批评方式，使孩子善于自我认可、产生成就感，这样才能促进孩子的积极自我评价。另外，对这样的孩子不要马上赋予过高期望，要求孩子做超出他们能力之外的事。

第六，父母对孩子的身心损害或情感变化有过度反应。大家是否曾经见过这样的情况：孩子摔倒了，本来没事，可一旦当家人喊着"哎哟宝宝，你摔疼了吧?"，孩子马上开始哭了，而孩子越哭，家长就越流露出更多的关注。被这样养大的孩子，很懂得如何利用家人的关心与关注，遇到问题时哭就是一个很好的办法，可以立刻获得家人的呵护，同时还能获得特权，何乐而不为？这也等于是父母下意识地鼓励孩子哭。所以，家长不能过度保护孩子，也不要在自己的情绪里带有太多无原则的同情和关注。否则长此以往，孩子会养成"我是大家的焦点"的意识，对孩子的成长毫无益处。

第七，孩子人际交往有问题，不懂得与别人相处和如何处理突发事件。现在许多孩子被养得过分精细，对环境的适应能力较弱。当遇到自己无法解决的问题时，感到委屈和无能为力，就依靠哭来引起关注和帮助。所以，家长要多鼓励孩子用语言说出自己问题，也要教导孩子如何面对问题和解决问题。

第八，孩子的性别角色习得有偏差，男孩偏女性化。孩子从婴儿期开始基本都是由女性照顾，包括妈妈、保姆、外婆、奶奶和幼儿园老师。孩子的哭，很容易与女性进行共情，无形中抑制了男性特点的表现。另外，加上一些父亲在家庭教育上的缺失，孩子在社会化过程中的模仿对象多为女性。同时，女性监护人会对孩子的探索、冒险、鲁莽、攻击等行为进行约束，也使得孩子阴柔有余、阳刚不足。

第九，当给孩子立界线的时候，孩子会用哭来进行反抗或试探底线。这个阶段家长需要特别注意，界线的规则要清楚地告诉孩子什么可以做，什么不可以做，且这些都是孩子容易执行的。当遇到用"哭"进行反抗或试探的时候，家长在认同孩子情绪的同时，一定要态度温和而坚持原则。不能为了平息眼前的哭闹，而放弃既定原则，否则界线永远也立不起来。

第十，孩子属于完美型孩子，对自己有比较高要求，希望表现得更好。当孩子发现自己力所不能及时，内心会比较焦虑，有挫败感，可又不好意思说，只好用哭来排解。其实这种情况的出现有时也和家长有关系，例如孩子自己去洗手，你可能无意地说了一句：怎么把衣服弄湿了？这无形中传递了"指责"意思，孩子认为没有达到你所希望的那样，挫折感自然产生了。

4. 男孩子哭也有好处

从心理学上看，孩子的哭并不一定是坏事，可以减轻其压力。但如果对孩子的不良情感熟视无睹、强行压制，其结果会增加孩子的心理负担，最终导致情绪压抑而心理失衡，造成人格构建的欠缺。

虽然俗话说"男儿有泪不轻弹"，是指男儿要有阳刚之气，血性、刚毅、隐忍、勇敢、负责、坚韧不拔等，但孩子终究还是孩子，不能因为男孩子哭了，就批评他们不是男子汉。当孩子从挫折中汲取经验，学会自己解决问题或有效寻求帮助的时候，他们就会变得更为坚强，这也是成长过程中的必经之路。

另外，男孩子哭，从好的地方看，也是其感情细腻丰富的表现。

这种性格特点会帮助孩子建立很好的人际关系，沟通能力强、感觉细微，对未来的婚姻、工作等方面，会有很大的帮助。

好了，回到主题。那个男孩子的父母，处理孩子抢玩具后的哭泣时，方式不够恰当。3岁左右的孩子抢玩具，是很正常的行为表现，在孩子未请求帮助之前，家长可以暂时"袖手旁观"。

如果家长伸手管，也要先认同孩子的情绪，倾听其心声，或采取转移注意力等方式缓解孩子的情绪，千万不要立刻对孩子讲"不是男子汉"或"玩具需要分享"之类的大道理，否则，孩子会再次大哭起来。而且这次的哭，恐怕比上一次还多了委屈和难过呢。

场景 6　别轻易给孩子贴标签

和一些家长聊天的时候，发现一个很常见又很有趣的现象：当这些家长说自己孩子的时候，仿佛是担心"骄傲使人退步"，常常是夸孩子两句，然后赶紧找补一堆孩子的"不足"之处。

1. 场景

一个妈妈说："我们家孩子学东西倒是挺快，脑子够用，可就是懒、贪玩、没上进心。而且见到生人还特别不自信，胆子特小，其实在家脾气大着呢，什么事都让我们帮他干，一点都不独立，干点事磨蹭半天。"

父母的嘴里，批评孩子时，形容词一串一串的，万一遇到聊天的双方都是同样的路数，那就更有共同语言了，往往越说越带劲儿，甚至当着孩子的面也不避讳。

2. 不良标签

孩子的成长，往往离不开后天环境的复杂影响。在种种影响因素中，社会评价和心理暗示的作用非常之大。随意的贬损孩子，是典型的"贴标签"行为，也恰恰是对孩子不负责任的评价，同时也是杀伤力十足的心理暗示。

贴标签，就是当一个人被对应到某一个像标签一样的形容词时，他就会做出自我印象管理，使自己的行为与所贴的标签内容相一致，也可以称为"标签效应"或"暗示效应"。"标签"具有定性、导向作用，它对一个人的"个性意识的自我认同"有强烈的影响作用。给一个人"贴标签"的结果，往往是使其向"标签"所喻示的方向发展。同时，这反过来强化了"贴标签"的人，使其更"坚定"自己的看法："你看，我早就说过他就是这样！"

孩子在成长的过程中，调皮、捣蛋，或有其他许多的小毛病，都是正常的。若父母总把眼光盯住这些地方，长期把消极负面的词汇挂在嘴上，那孩子将会不断地被"暗示"。早晚，孩子就会变成父母描述的那样。这正是因为父母经常把不是问题的行为当成是问题，或是把小问题过度放大，是父母自己的认知出现了偏差，才导致了谁都不愿意看到的结果。

但是，如果能恰当地给孩子贴上一个合适的标签，不仅对孩子有积极的影响，也对我们自己有很大的正面影响。

在这里，我先说一个有趣的心理学实验：

实验者通过化妆，在志愿者脸上画了一道血肉模糊、触目惊心的伤痕，先让志愿者看了效果后，借口补妆，悄悄把伤痕擦掉了。然后带着毫不知情的志愿者到各医院候诊室，指派他们的任务就是观察人们对他的面部伤痕反应。当志愿者返回后，惊奇的现象出现了：返回的志愿者，竟无一例外地叙述了相同感受，他们感觉人们对他们比以往粗鲁无理、不友好，而且总是盯着他们的脸看！可实际上，他们的脸上与往常并无二致，没有任何不同！

这真是一个发人深省的实验。一个人在内心怎样看待自己，在外界就能感受到怎样的眼光。同样的，如果给志愿者画一个完美的妆，然后偷偷擦掉，那他们外出一圈，是否会有完全相反的结果？

所以，当家长从内心给孩子"贴标签"时，就会关注孩子的"标签"，并从外界的"眼光"和"期望"孩子的表现，来印证自己的看法。从孩子的角度看，如果你给他们贴了"标签"，他们会认为自己是符合"标签"的人。

3. 要给孩子贴上合适的标签

现在大家都明白了，不当的"标签"对孩子是有害的，那么如何给孩子贴上一个合适的"标签"呢？这里面还是有一点技巧的：

第一，发现孩子长处。

在我看来，就算是"十恶不赦"的人，也有值得学习的长处，何况是天真无邪的孩子。不管是胆小、内向，还是顽皮、好动，甚至做出"出格"行为，多是天性使然，无所谓好坏。即使有一些不良行为，也是一种无意识行为或对成人行为的模仿。千万别总是拿着放大镜看孩子身上的"不足"，孩子一定有好的地方。

请家长们从现在起，找一个新笔记本，去把你孩子优点一条一条的记录下来，哪怕是很微小的优点，然后逐条念给孩子听。在这之后，当孩子重复你这个笔记本上已有的优点时，给与鼓励和赞赏，对孩子的一些"不良行为"，也就是违背笔记本上的内容和行为，就尽量的淡化、忽视。我相信，当你坚持这样做一个月，孩子肯定会有好的变化。

顺便说一句，如果你在生活中，遇到你很讨厌的人，或者是你对他很有意见的人，都可以采用这个方法。经过一段时间，你就会感觉到很大的不同。这是解决矛盾的一个重要手段，不同的视角，带来的看法就有很大的差异。所以，对一些夫妻关系紧张、婆媳关系对立的家庭，也会很有用。

第二，给孩子贴标签。

从"贴标签"的来源上，可分为他人标签和自我标签。前者来自父母和他人，后者来自孩子自己。孩子是很容易被暗示的，在生活中，当你真心地赞美和鼓励孩子时，他们会精神焕发，充满了活力；而受到你的惩罚或听了贬斥的评语时，则会显得心情沮丧、垂头丧气。

所以，给孩子贴上一个合适的标签，就是把孩子积极正面的行为，通过你的认可、赞赏、鼓励，来进一步地强化。孩子会意识到自己的行为得到肯定，他们会越来越关注自己被夸奖的那个方面。当孩子的好行为被强化以后，坏习惯也会随之被淡化。

而自我标签，其核心是让孩子通过自我比较，认识到自己的进步。孩子在发展过程中，都有一个"好孩子"定向阶段，他们认识到必须尊重他人的看法，考虑到他人的期望和要求，并尽量按这种要求去做，从而为自己塑造一个社会赞同的形象。当家长恰当利用孩子的上进心，就可以让他们给自己贴上一个合适的标签。

从"贴标签"的方式上，可分为直接标签和间接标签。前者是给孩子直接贴上，后者则是间接地贴。直接标签，就是对孩子的好行为，直接进行适当的赞许和鼓励。假如孩子的所作所为，离你的"期望"还很远，此时就需要你看到孩子的进步，哪怕只是一点点，而后再根据孩子的情况，提出更高一些的要求。

使用间接标签，不像直接标签那样简单，需要有一定的技巧。

首先，你不能把你的"期望"直接加到孩子身上，而是通过你的示范，以及讲故事时，零敲碎打地"灌输"给孩子。当然，如果你能巧妙地指出一些成人的坏习惯和毛病，将会让孩子更容易接受。例如，你说那个叔叔不遵守交通规则，不走人行横道，或是乱扔垃圾。

当然，你说别人的长处也是可以的，只是最好是成人的事例，别用同龄人的例子，像什么那个孩子学习好、什么方面比你强等。否则，孩子内心会觉得你在拿他做比较，而没能达到你的期待，会引发他的沮丧、不安，或内疚感。

其次是你要学会使用反义词。也就是说，当孩子有一些没有达到你"要求"的行为时，先想想这个行为的反面是什么。比如，孩子磨蹭时，如果你说"你太磨蹭了！"孩子反而会进一步磨蹭。而你说"有进步，你比昨天快了点"，恐怕孩子每天就会更快一点了。

第三，使用负向标签要慎重。

从"贴标签"的使用方向上，分为正向标签和负向标签。前者达到激励对方的正向预期效果，后者则达到反向效果，即引起被贴标签者相反的反应，类似于说反话或是激将法。当给孩子贴的标签不是正面的、积极的，那么孩子也可能由于觉得不公平，而产生与所贴标签内容方向相反的行为。

负向标签也不是"一无是处"。比方说，你批评孩子总是丢三落四的，如果孩子心理不服气，就会特别地提醒自己：一定要拿好自己的东西，千万别让妈妈再数落我了。

但是在使用负向标签前，你需要对你的孩子非常了解，同时孩子要能够理解，父母的评价到底是不是客观、公正的。这就需要孩子有较强的独立性和独立思考的能力。由于孩子的认知水平限制，其独立性也是有限的，因此采用负向标签容易造成"失误"。

不能否认的是，家长经常采用负向标签，这和我们太"习惯"批评别人有很大的关系。家长在批评时，还有一个很不好的习惯，就是喜欢翻旧账，还喜欢上纲上线到一个人的人品高度！对于孩子而言，这非常有可能成了重要的心理暗示，强化了孩子的不良行为。

孩子的教育，是要尊重孩子的发展规律，尊重孩子的感受。要使孩子形成良好的心理和行为习惯，就需要在养育孩子的过程中，对孩子的教育、评价保持一致性和一贯性，不轻易对孩子下好或坏的结论。同时，少批评指责，特别是不做上纲上线的批评，在多表扬肯定的时候，也不浮夸、过分。

第四，父母最重要的标签。

你有没有想过，当我们给孩子贴标签的时候，孩子也会在心里给我们贴上标签？你在孩子心目中是什么样的形象，完全可以从这个"标签"中反映出来。如果孩子真心认为你是勤劳的，那他们恐怕也不会偷懒。反之，如果孩子眼里看到的你就是喜欢偷懒，那他们会勤快吗？因此，看到孩子有不良的行为，先要想想自己有没有此种不良行为。

孩子在成长过程中，最重要的学习就是模仿。而模仿的主要对象是自己父母。你的人生观、价值观、学习和生活习惯、待人接物的做法、精神状态、情绪，都直接影响到你在孩子心目中的形象。你在孩子身边唠叨地说一百遍，也不如你通过自己的行为，来影响、带动孩子。同时，家长不需要在孩子面前建立完美无缺的形象，你勇于承认自己错误，你的孩子就会给你贴上"勇于承认错误"的标签。

最后说一下，既然标签有这么大的威力，我们作为孩子的第一任老师，为什么不把这个武器的威力发挥到极致？孩子如同一张白纸，正是处于学习、吸纳的阶段，对外界的评价都很在意，也希望表现出自我的价值。特别是 3 岁以后，父亲对孩子的评价更为重要。所以，当你贴上了一个合适的"标签"，就可以强化孩子的任何行为，甚至定型。这在孩子的生理、心理、性格、气质上，都会起到重要的作用，甚至影响孩子的一生。

场景 7 "不比较"是徒弟，
"会比较"是师傅

许多家长都有一个"不良"习惯，在不知不觉中喜欢拿自己孩子与其他孩子比较，特别是用其他孩子优点来比自己孩子缺点。这样的比较，胜负没有任何悬念。

1. 场景

这种比较情况是随处可见的，比如孩子上幼儿园时，父母常说：你看谁谁吃饭吃得比你快多了、谁谁比你勇敢、你怎么不如谁谁乖……。而当孩子上了学，又会唠叨：你写作业怎么那么慢啊，人家谁谁早就写完了；或你什么时候才能像谁谁那样，能考到 100 分啊……。

2. 为什么要比较?

其实仔细想想，家长经常用这种比较方式和孩子说话，很多时候都是下意识的。而他们这样说，一方面是恨铁不成钢，另一方面，恐怕也是想让孩子意识到自己的差距，希望"知耻而后勇"，能以更快的进步甚至超越其他人，变成自己期待的样子。

但是，孩子在 4 ~ 6 岁，恰好是开始认识自我、建立自我价值感的重要阶段。若总被拿来和别人做比较，且比较结果往往都是自己不够好，那孩子内心一定会感觉受挫。久而久之，孩子就无从认识到自己优点和长处，也树立不了自信心。即便父母有时也会夸奖，但仍然抵消不了比较所带来的负面影响。

另外，这个年龄段的孩子还没有真正进入社会，家庭成员，特别是父母对他们的评价是相当重要的。

许多儿童教育理念就提出："不要对孩子进行比较，永远不要对孩子说他比别的孩子差。父母最好的办法是关注孩子每一个微小进步，及时进行表扬和鼓励。家长要学会欣赏孩子，你应感觉你的孩子永远是最好、最优秀的。同时学会从不同侧面去看孩子，多发现孩子身上的长处。因此，父母要从正面、积极肯定的角度审视孩子。"

上面说的儿童教育理念错了吗？当然没错。只是，这些儿童教育理念，没有把"比较孩子"这个事情真正说清楚，而家长理解又过于绝对。孩子是独立的人，你不对孩子比较，孩子就不受到比较了？他们会受到老师、其他人、同学的比较，而且自己也会主动和别人进行比较。所以，在生活中，孩子是时时刻刻在受到比较的。

9. 正确的比较方法

既然孩子时时刻刻都处在对比之中，家长就要善于利用"比较"！不是所有的比较，都是有害的。尽管每一个孩子都应该按照自己的个性发展，但方法恰当，也一样可以拿自己孩子的短处和其他孩子的长处相比。

按照如下方法和标准来做，你就可以对孩子做出"好的比较"：

1）好比较要符合孩子能力

这条标准是最重要的，许多家长在比较孩子上出现问题，都是没有按照这个标准做。比如，家长经常对自己的孩子说"你怎么不向谁谁学习，每门都考100？"或说"你看别人都会算术了，可你什么也不会！"

家长的这种比较，基本都是在孩子还不具备对应的能力上。有时候，家长真应该反过来想想，你以为孩子傻呀，能考100分，非要考80多分？反之，如果孩子有能力考100，却没有考出，你要仔细想为什么会有这样的结果了。

2）好比较要不捎带自己孩子

父母在比较时出错，往往是这条做得不好。比如，许多家长对孩子不爱刷牙头疼，假如你们夫妻之间说："谁谁每天早晨起来是一定要刷牙齿的，不刷牙就不吃东西。"同时，你说时要表现出很钦佩的样子，但不要对着孩子。此时孩子会明白的，为了做你眼中的"好孩子"，以后会尽力去刷牙。

大家可以对比一下，如果你刻意对着孩子说同样的话，或背后说"谁谁每天都刷牙齿的，咱们孩子怎么就不刷？"会有什么样结果。所以，同样的话使用场景不同，对孩子影响效果也差别很大。

3）好比较要表达自己的善恶是非观点

家长教育孩子时，要对善恶是非显出你的态度，看见别人做好的事情或坏的事情，应当表示赞许与不赞许，孩子会在无形中受到影响的。比如，你看见有人乱扔垃圾，你可对孩子说："这人真不好，乱扔垃圾！我非常不喜欢。"

孩子看见别人的举动，听见父母不是对"自己"的评价，就知道乱扔垃圾是不好的，也会养成和你一样的是非观念，在不会这样做的基础上并继而形成习惯。

4）好比较可以运用到表扬中

家长在运用对比时，如果是在表扬孩子，则约束条件可以是宽松的，也鼓励家长经常运用这类"好比较"。比如，你孩子原来考试都是80分左右，现在考90多分，则你可对孩子说："你最近一定是努力了，你应为自己取得成绩而骄傲！过不了多久，你就会和谁谁一样的！"当孩子听到这种对比，不仅增加了自信心，也知道得到了父母的认可和鼓励。当然，这个"谁谁"是应该比孩子略强的。

另外，大家可以想一下，这和前面的第一条有什么区别？

5）好比较从来不挖苦诋毁

父母希望孩子以出类拔萃的人物为榜样，向其学习，这对孩子发展自然是十分有益。但无论如何，也不要挖苦讽刺孩子，特别是牵涉到孩子的人格和品质。比如，孩子某件事想做好，但却没有做好，你说："你真让我丢脸，你怎么不学学谁谁，为什么不能像他一样？"这种拿他人长处来贬低孩子的做法，容易让孩子下不了台，感受到巨大的压力和委屈，因为你几乎没有看见孩子的努力，以后成绩可能会更差。

但家长在比较时，诋毁自己是可以的。还是上例，比较好的说法是："你比当年我强多了！我像你怎么大的时候，还不如你呢。没有关系，我知道你想做好，让我们一起努力？"

所以，家长要能看到自己孩子长处，以及孩子的努力，就算你的比较不是特别到位，也是可以在教育孩子过程中，起到应有的效果。教育孩子一定要采取"活教育"的方法，不能生搬硬套。孩子成才，是内外因素共同作用的结果，家长的责任就是结合孩子自身特点，因材施教，不要过于迷信孩子不能"比较"，视其为"洪水猛兽"。

场景 8　孩子胆小恐惧

在孩子的成长过程中，一定会遇到令他恐惧的东西。对于孩子的恐惧情绪，不能简单认为孩子是胆小的，也不能急于让孩子不惧怕某个事物。在处理上，家长需要特别小心，如果处理不当，不仅不能减轻孩子的恐惧感，反而会增加其恐惧。

对于孩子惧怕的东西，不能过度保护孩子，长时间不接触也对孩子的成长不利。这是因为，让孩子学会面对恐惧、克服恐惧，也是成长中非常重要的学习内容之一。

1. 场景

某天，在儿童乐园的滑梯上，一个 2 岁的小女孩"出溜"一下就独自滑下去了，而滑梯上一个同样大的小男孩却始终拒绝滑下来。男孩的奶奶一个劲地劝他"你以前不是敢自己滑下来嘛，今天怎么又不敢了？赶紧像小妹妹那样滑下来！"而站在一旁的爷爷对孙子的表现甚为不满，最后干脆要拉着孙子滑下来。此时小男孩开始大声嚎哭，甚至抱紧了支柱不撒手。

此时，你会怎么处理？

2. 孩子为什么恐惧？

恐惧的来源，可能有多种原因，更可能是多个原因的组合。

恐惧的发生，与社会心理因素有关，同时也与个体的素质及个性有关，而素质具有一定的遗传倾向，但孩子是否对某一些事物产生恐惧，关键不在遗传，而在后天的家庭教育。而当孩子恐惧发作时，常常伴有明显的焦虑和自主神经症状，如哭闹、大声喊叫、紧张不安、失控感、心慌、出汗、颤抖、恶心、四肢无力、失尿等。

从孩子恐惧的原因上看，由于孩子的语言表达能力不足，说不清楚为什么害怕，所以孩子的恐惧对成人而言，可能是完全没有理由的。因为在成人眼里，引发孩子恐惧的事物，基本上都是微不足道的。

家长往往从自己的认知出发，认为孩子就是胆小，必须要多加训练。所以一次又一次地拿孩子害怕的东西给他，或要求他完成令他恐惧的事，希望以此"训练"孩子的胆量。可惜，这样处理的结果，十之八九不仅是无效的，还会加剧孩子的恐惧心理。

从恐惧的对象看，除了是某种物品或现象，还可以是某些行为。例如孩子不敢爬高、不敢从高处跳下等。为了避免恐惧发作，孩子会采取本能的反应，就是回避所害怕的东西。

3. 怎样解决孩子的恐惧

当孩子对某物品或某件事情感到恐惧时，家长想解决可遵循下面这几个步骤：

第一，及时反应。

当孩子通过哭闹，对某物呈现恐惧的时候，家长首先要把该物品拿走，同时要认可和接受孩子的情绪。若你不是特别确定，可轻轻询问孩子进行核实。其后重要的工作就是理解孩子的恐惧，并利用共情、倾听技术，使孩子安定下来。当然，也可以用拥抱，或拿孩子熟悉的玩具分散注意力等方式，这都可以让孩子感觉到安全。

第二，确认孩子怕什么。

当孩子平静以后，首要的工作就需要核实孩子到底惧怕的是什么。如果这个物品比较单一，也没有什么变化，则基本可以确定是这个物品的质感或形状。而对一些复杂的，如声、光、动俱全的物品，需要检验孩子怕的是哪一类，或是害怕其属性组合。需要提醒的是，检验最好拿其他类似的物品进行测试，也可以选单项功能的物品。例如孩子害怕闪光的悠悠球，你就取出电池，来判断孩子是否怕闪光。

第三，确认恐惧原因。

如果经过测试，发现孩子对所惧怕的物品相类似的物品，并没有过激的反应，则基本可以认为不是认知方面的原因。此时你就拿孩子真实惧怕的物品，尝试再次"无意识"地给孩子，也许此时孩子就没有任何问题了。

如果经过测试，发现孩子惧怕这个物品的某个属性，或拿了孩子真实惧怕的物品给孩子，孩子再次感到害怕，则基本可以判断孩子的恐惧，可能是孩子认识方面的原因。

第四，判断害怕程度。

在确认孩子怕什么和害怕的原因之后，就可以进行恐惧程度测试。这里只给大家介绍一个极其简单的办法：距离法。按照心理学的分析，人怕一个东西，是和其距离相关的，也就是说，虽然看到一个自己害怕的东西，但如果距离较远，人也是会认为比较安全的。如案例中说的滑滑梯，可以采用从很低的地方滑下来，再依次升高高度。

4. 几种可以排除恐惧的方法

排除恐惧的方式，可以有以下的几种，家长可根据孩子的具体情况选择。

方法一：远视

利用孩子的模仿、从众心态，可以在看到其他小朋友玩的时候，暗示孩子，并让孩子远远地旁观。也可以在离孩子有一定距离的情况下，家长自己玩。当玩出花样后，孩子就会克服恐惧心理，而被玩的乐趣吸引，用好奇心战胜恐惧。

方法二：一起玩

只有当孩子害怕程度降低，或已经相对敢于接触的时候，本方法才比较合适。此时就建议父母与孩子一起玩，这样就可以使孩子感到安全，知道你随时可以保护孩子。同时，密切观察孩子的表现，孩子稍有反感，就立即结束，下次再试。

方法三：等待

孩子的认知发展是很快的，某些曾经惧怕的东西，停留一段时间再给孩子，孩子可能就不再感到害怕了。本方法很简单，但也回避了如何引导孩子应对"恐惧"。让孩子知道他们所惧怕的东西可能对他们毫无伤害，从而逐渐地敢于尝试和接近，这对他们的认知有极大的帮助。

方法四：属性尝试

本方法适用于有多种属性的物品，比如孩子怕闪光悠悠球。你就在生活中，找单纯闪光的、单纯转动的东西等，让孩子分别进行试用，逐渐刺激孩子。当孩子适应这些属性，自然会对整体的事物不再惧怕了。

方法五：混合尝试

把孩子所害怕的东西，同可能引起愉快感的东西放在一起，孩子就容易适应和不再害怕了。或是在孩子比较愉悦的时候，让孩子观察所害怕的东西，也是不错的选择。比如孩子很喜欢积木，你就可以把孩子惧怕的东西，放在积木箱旁边。

方法六：逆向尝试

本方法是利用孩子的逆反心理进行的对抗恐惧训练。一般情况下，孩子喜欢玩一些家里的生活用品，此时你就可以把孩子惧怕的东西，和这些生活用品放到一起。孩子不去翻也是一种好结果，想玩，则需要挑战自己的恐惧心理。

最后，需要特别强调的是，当孩子产生恐惧时，家长认同孩子的情绪，进行安抚即可。但是不要过度"关注"他的恐惧，也不要用给零食、许以好处等方式来转移恐惧。父母的过度关注，有可能加深孩子的敏感，让他觉得"这本来就是一个特别可怕的东西"；而用好处诱使孩子转移注意力，会让孩子发现，他只要害怕了，就会从家长那里获得特殊的"好处和利益"。所以聪明的孩子很可能用装作害怕，作为达到目的的小伎俩。

如果上面的方法依然不行，则需要考虑进行心理咨询，采取例如系统脱敏法等心理治疗方法进行干预了。同时家长也要知道，让孩子脱离恐惧，也是不大可能一步就到位的，它是一个渐进的过程。

场景 9　孩子变相反抗了

　　儿童教育中很关键的一点，就是怎么发现孩子的变相反抗。孩子的变相反抗，本质上是孩子对教育过程中方式、方法的抵触，也有许多是对不感兴趣的事物的抵触。这是孩子的一种自我防御，或是对于其行为矫正的不服从，孩子以此降低对自己的焦虑和压抑，使自己的自我认识与自尊不受到威胁。

　　父母只有积极认识孩子的变相反抗，同时采取对应的策略，并引导孩子更加合作，才能达到我们想要的预期教育效果。但如果忽视孩子的变相反抗或处理不当，则孩子的教育进展与效果，一定会大打折扣和受到阻扰。

　　从表现形式上看，孩子的变相反抗是多样的。可以是语言或是身体语言形式，也可表现为对父母的要求采取回避与抵制态度，或对父母及其他人的某种敌对。所以，认识和克服孩子的变相反抗，对于儿童教育具有深刻影响，也是儿童教育中重要组成部分。

　　下面简单说一下孩子变相反抗的几种典型表现形式，由于孩子的个性不同，家长还是要根据自己孩子的实际情况，进行了解和判断。

第一种：沉默

沉默可表现为孩子拒绝回答任何问题，或有很长时间的停顿。这是孩子最简单、最积极、最主动的变相反抗。造成的原因是孩子反感你施加的各种"压力"，或是孩子对你的说话方式产生某种强烈抵触情绪。

在应对上，要缓解这种情绪但不可强求，需要父母通过耐心解说和真诚的态度才能消除。如果你的孩子经常在家庭中保持沉默，这表明已经影响到你们的感情联结。想解决，恐怕就要先从亲子关系开始了。

第二种：寡语

少言寡语，是孩子以短语、简句及口头禅来回答各种问话，如"嗯"、"噢"、"知道了"，但孩子没有任何实质性的反应。造成的原因往往是孩子对你有戒心和担心，不信任你；或是觉得就算说了真话也完全没用。所以，他们从心里就不想和你进行真实的交流。

在应对上，最好的办法就是共同参与，尽量不发布"命令"来降低孩子的压力，当孩子简单回答后，立即拉着孩子去做。这不仅能发现孩子是否在变相反抗，同时也由于你的积极参与，减轻了孩子的抵触和犹疑。

第三种：情绪发泄

情绪发泄，是指孩子对于你的问话、要求或态度的强烈情绪反应，一般表现为大哭大叫、打人、乱扔东西，这也是孩子的一种精神防御表现。造成的原因往往是孩子对某种需求得不到满足，就采取了极端让你心烦的方法来进行对抗。

在应对上，不能针尖对麦芒，如果家长情绪也失控，其结果会是极端的对立，孩子的不良表现会不断升级。所以，当你提出一个合理的要求，或是拒绝孩子一个不合理的要求时，一定要温和而坚持。

第四种：问题外归因

问题外归因，是指孩子将事情的原因，完全归结于外界作用的结果，而回避从其自身的角度加以认识。这是一种推卸责任的表现，也是自我中心主义的表现。造成的原因主要是父母对孩子有过高要求，追求完美，而孩子认为达不到，只好找一些理由来进行变相反抗。

在应对上，你要知道这是孩子遇到困难了，而这个困难可能是你自己造成的，所以要考虑减压，同时积极发现孩子长处并告知孩子，帮助孩子解决"困难"和重建其自信心。比如孩子不能按时完成作业，就会外归因为作业太多，此时你就要帮助孩子分析，看是由于磨蹭，还是确实是不会做，耽误了时间。

第五种：过度顺从

过度顺从，指孩子对家长讲的每一句话，都表示绝对赞同和服从。这样的反抗具有非常强的隐蔽性，常使家长不易发觉，反而认为孩子非常的听话。造成这种行为的原因主要是父母对孩子采取了高压政策，如打骂、惩罚。孩子知道"反抗"只会有更坏的结果，虽然极度不情愿，但出于自我保护，会在表面上绝对的服从。但家长细心的话，可从孩子的行为表现上看出不情愿、心不在焉、磨蹭、应付等现象。

在应对上，面对孩子的"非暴力不合作"，最好的办法是观察孩子的身体语言和事情结果，但解决的根本是家长要改变自己的教育模式，让孩子能充分表达自己真实愿望，并得到真正的尊重。否则的话，孩子未来会变得懦弱、胆小、没有主见。

第六种：有选择性的健忘

有选择性的健忘，指孩子在谈论某些问题时，由于感到焦虑和精神痛苦，自动地选择了健忘。造成的原因主要是孩子有过某种痛苦经历，遗忘是处理这种痛苦的最好方式，是孩子长期被压抑的结果。而造成的原因，也往往是父母对孩子采取了高压政策，如言语伤害或是身体的惩罚。

在应对上，最好的办法是不翻"旧账"。当孩子面对压力时会采取"即时"的遗忘，也就是根本没有听进去。这也是许多父母说自己孩子有毛病总是不改，刚打完就能忘记的原因。发现孩子有选择性健忘，一定要反思自己，否则你再费口舌，也是完全没效果。

第七种：磨蹭

磨蹭，就是孩子做事拖拉，故意消磨时间。从磨蹭的根源上看，一是生理客观条件造成，二是他们在进行"对抗"，也就是与父母之间的一种权利斗争。造成的原因主要是父母控制孩子的欲望太强，或是父母的期待太高，而孩子则是没有兴趣，或是能力不足。

在应对上，你需要了解磨蹭背后的具体原因，才能对症下药。需要注意的是，磨蹭还有许多可能是性格、能力不足造成的，所以父母也不能急于求成，要有耐心和信心，多给孩子机会。

第八种：甜言蜜语

甜言蜜语，就是孩子面对你的问题，投其所好地用你最爱听的话来回应，以此消除你的怒火和怨气，其目的在于回避冲突。造成的原因主要是父母的社会化示范。孩子天生是敏感的，特别是当他们缺乏安全感的时候，他们会逢迎家长，以此获得关注和赞许。

在应对上，在看到孩子的敏感、感情细腻、观察力细致，和有良好的社交能力的同时，也要反思孩子为什么会有这样"成熟"的表现。此外，孩子的甜言蜜语，会使你失去政策和原则，反而放纵了孩子的管教。所以，对此你要有比较清醒的头脑，避免"上当"。

第九种：转移话题

转移话题，指孩子一味讲自己感兴趣的话题，而回避你想谈论的话题。这样做也是为了减轻其内心的焦虑，同时这也是一种权利的斗争，以此强化自尊，并期望获得对应的地位。造成的原因主要是家庭中过于娇惯和溺爱，孩子自我中心感很强，且有较强的控制欲望。

在应对上，首先要从日常生活中纠正，让孩子从家庭焦点的位置上走下来。其次，要给孩子适当的控制权力，部分的满足孩子自主的要求。同时，要先倾听孩子，这样不仅可以发现孩子的其他问题和想法，也是对孩子尊重的一种表现。

第十种：装病

装病，孩子都有过生了病就能获得"特赦"或"特权"的经历。孩子装病，一是为了逃避，属于变相反抗，二是孩子在寻求你的关注，换来父母的关心。造成的原因主要是父母给孩子过多的压力，或者是长期忽视孩子。

在应对上，以不揭穿孩子的"谎言"为好，最主要的是先接纳孩子的感受，然后根据情况适时地解决。需要注意的是，如果你批评孩子是装病，并对他置之不理的话，装病非常有可能演化为实际的身体疾病。

　　以上十种变相反抗的表现形式，都是孩子对某种家长要求的抵触，或是某种敌对态度。若家长及时发现并能积极、有效地认识，就可以变成孩子教育、成长过程中的良好开端。

　　当然，对于孩子的变相反抗，家长需要的是放松，而不是绷紧了神经与孩子"较量"。假若你过分在意，就非常有可能与孩子进入"战争"状态，反而失去缓和的余地。孩子最珍视的是与父母之间的联结，只要父母能够放下身段，以诚恳帮助的态度对待孩子，孩子是没有理由舍弃这份世界上最天然最美好的感情的。

2. 父母的教养理念

　　说到教养理念，好像是一个很大的话题。其实除了掌握一些育儿的技巧，家长还应该思考自己对孩子教育的目标，以及自己应该如何把握育儿过程中，比较重大的原则。

　　我们将结合一些典型的真实案例，用更加生动、浅显的方式，介绍和家庭亲子教育紧密相关的重要教育理念。

场景1　走在孩子成长前面只半步

回忆起我们这一代人从小长大的经历，恐怕极少有人从四五岁起就开始，学英语、学绘画、学弹琴……。我们小的时候，每家的生活条件都差不多，且社会上也没有这么多的选择，父母对我们似乎只要求读好书、不惹事就可以了，因此我们的童年几乎都是"疯玩"过来的。

而现在孩子的家长，尤其是很多自身受过良好教育的父母，因为社会环境的变化，和物质条件的改善，希望让孩子尽早接触到更多有益的教育机会。我看到的现状是，大家也不管孩子的情况，感觉只要对孩子有好处，统统都上，什么音乐陶冶性情，舞蹈培养气质，珠心算训练思维，等等，不一而足。

有错吗？父母希望孩子多学点东西，大方向是没有错误的，可是，什么时候教孩子什么东西，是有规律的，而孩子在什么时间能学什么，也是有讲究的。

1. 什么是"最近发展区"

苏联心理学家维果斯基，在儿童教育方面，说过非常重要的话：

"对儿童的教育教学必须以生物成熟为前提，又要走在心理机能形成的前面。最佳期限就是建立在正在开始又尚未形成的机能之上。"所以，心理机能改变的过程是一个不断内化的过程，即将社会文化的外部活动形式，转化为内在的心理结构。

说一个简单的例子：比如 3 岁孩子的脸上经常有脏东西，你想让他改掉这个毛病。可是你想过没有，有几个 3 岁大的孩子会在意脸上的脏东西？而又有几个 10 岁孩子会不在意脸上的脏东西？所以，教孩子注意自己的卫生习惯，需要一个合适的年龄。

在心理发展与教育教学的关系上，维果斯基还提出了"最近发展区"思想，即在有指导的情境下，儿童借助成人的帮助所达到的解决问题的水平，与在独立活动中所达到的解决问题的水平之间的差异。实际上这种差异就是教育教学所带来的发展，是潜力的开发，即教学创造出"最近发展区"。

在学习的最佳期限上，如果错过学习某一技能的最佳年龄将会延误孩子的发展。教育的最佳期限也就是儿童最容易接受有关教育教学影响的时期，说白了，就是在孩子将成而未成时，对儿童加以教学引导，这样才是最符合孩子心生理发展规律的教学方式。

2. 正确的理解与应用

这一时期，在操作层面上，家长应为孩子提供略有难度的内容，调动孩子的积极性，发挥其潜能，超越其最近发展区，而达到其较高发展的水平。这不仅让孩子获得"新东西"，使教育跟随孩子已有的成果，同时也不是简单机械的灌输。

比如，通常情况孩子 3 岁能辨别上下，4 岁能辨别前后，5 岁能以自身为中心辨别左右，7 岁能以客体为中心辨别左右。所以，若在 3 岁就让孩子辨别左右，就过于超前，孩子"强记"后依然经常搞混。而在 5 岁教识别左右又偏晚了，可能导致孩子未来对方位知觉的认知差。正确的时间，是在孩子 4～5 岁时。

从这个角度看，现在有很多父母的做法就是不恰当的：在孩子幼时，教了孩子许多"知识"，包括认字、背唐诗、算术、英语单词等。再加上给孩子看"益智类"的动画片或电视节目和玩电脑，使孩子在某种程度上，拥有了大量的"知识"。其实，学前孩子的记忆是以识记为主，这样的结果，虽然表面看孩子获得的信息量不少，但缺乏的是对信息进行整理、归类、分析、比较等思维处理能力，以及遇到问题时选择与运用策略的能力。

由此，我们可以推断，在孩子到达入学前的年龄时，如果以大量零散的知识教育为主，就是错误的了。更科学的方式是，此时应当能够向孩子展示问题解决的高级思维过程和解决策略，这才是深入了解和准确把握儿童发展规律，使教育走在发展的前面。否则，你对孩子的教育，不仅在浪费孩子宝贵的时间，同时也使孩子感到厌倦，失去对学习的兴趣。

在孩子的发展中，抓住一些重要的敏感期，进行对应方面的教育，这样可以事半功倍。而错过某个敏感期，孩子想发展对应的能力，可能就丧失了最佳时期，效果也会大打折扣。比如在 4．5 岁左右，孩子进入阅读敏感期，此时加强对孩子阅读的引导，就比较容易培养孩子的阅读兴趣和对应的能力。

场景 2　起跑线上慎"抢跑"

在无数的培训班广告上，家长都可以看到这样一句话："别让孩子输在起跑线上！"不能否认，家长想带着孩子抢跑，是希望孩子有美好的明天，能够成为出类拔萃的"人尖"。

1. 场景

一天，我参加了一个亲子活动，有几个妈妈带着自己孩子来了，孩子们都是 4~6 岁之间。在活动中，出现了这样一幕：在看一个绘本的 PPT 时，每个孩子几乎都能把上面的文字全部读出来。主讲老师一问，都说这些字已经认识了。虽然绘本上出现的字不超过 200 个，但这种情况出现，说明孩子已认识 1 000 个字以上了。

我不能不表示我的惊奇，也不能不替孩子入学后可能的厌学、不专注而感到担忧，更为家长的急功近利感到说不出的遗憾。

2. 抢跑未必都正确

我曾了解到，一些家长为了让孩子能进入一流小学，要求孩子每天从幼儿园回家后，都坚持识几个字，同时学习简单的算术。现在想起来，"别让孩子输在起跑线上"这句话，实在是明显带有误导性。如果家长急功近利，严重违背了孩子的生理规律和教育规律，反而会磨掉孩子的灵气与对学习的好奇心。

让孩子在知识学习上抢跑，以后真的未必得第一呀！

幼龄儿童是爱动爱玩最活跃的时期，抓住这个特点让孩子通过玩乐来认识和学习，他们的积极性会特别高。同时，3 岁儿童的大脑，约相当于成年人脑重的 2/3，因此，孩子在 3～5 岁的时候，确实具备了一定的学习的身心条件。

但在这个阶段，幼儿的知觉常常表现出笼统的、不准确的分析的特点，对事物的主要特征和各部分之间的联系不容易辨别清楚。同时，幼儿对抽象意义的理解能力尚未形成，往往是讲得越多，孩子听进去的越少。孩子还不具备正规学习的能力，在不能理解的情况下，只是纯靠记忆来死记一些知识。

从这方面讲，以识字、记单词、加减法为代表的认知训练，其实是家长在不了解孩子心生理发展特点的情况下，强行掠夺了孩子的游戏时间，是一种违背儿童天性的短视行为。更有一些家长，把"识字多少"作为衡量孩子是否聪明的标尺，甚至是人前炫耀的资本。

而过早进行认知学习的孩子，进入学校后会发现，原来老师讲的东西自己早就学会了，随即就会对老师教的课失去兴趣，出现注意力不集中、不遵守纪律等问题。你想想，让孩子枯坐在凳子上，让他学一些自己早就知道的东西，孩子怎么可能会有兴趣和专心呢？

另外，童年期的孩子开始以学习间接经验为主，从最初对学习外部活动更感兴趣，发展到对学习的内容更感兴趣。而这一切，都需要在老师的指导下进行，具有一定程度的被动性和强制性。这也是为什么老师通过简单的知识内容，来教孩子学会正确学习方法的原因。

而当孩子过早地识字和算术以后，对老师表面讲的东西认为很简单，不需要学，这就丧失对学习方法的学习过程，孩子在吃老本。而当他们的领先优势失去的时候，又可能出现巨大的心理落差，甚至让孩子失去学习的后劲。

3. 该抢跑的一定要抢跑

不能否认，适量的认知能给孩子适当刺激，对儿童脑发育、尽早掌握记忆、逻辑思维都有好处。但家长完全没必要在学龄前进行太多的知识灌输。会做多少算术题、能识多少个字或能背多少首唐诗，这些都不是很重要的。相反，家长们更要看重孩子的人格素质培养，这才是基础中的基础，远比单纯地学"知识"重要得多。比如：

1）懂得什么是爱，拥有善良的同情心。

2）敏锐的观察力和无限的想象力。

3）良好的生活和学习习惯。

4）良好的人际沟通和交往能力，恰当的待人接物。

5）有界线和自我保护能力。

6）面对困难仍然愿意尝试，而不是轻易地放弃。

孩子的发展都是有阶段性的，每个阶段都有其发展的重点。所以，在幼儿阶段就让孩子进行大量知识学习，等于把儿童期的任务压到幼儿期，而完全抛弃了幼儿期的主要学习方式——游戏，这和拔苗助长是没有什么区别的。

场景 3 听话的孩子难以成为领袖

每一个父母，对自己的孩子都是充满期待，想望子成龙、望女成凤。所以，现今的父母无一不是希望自己的孩子成为佼佼者，成为众人眼中的"好孩子"！

1. 场景

我女儿是属于好动的孩子。某天，我去接孩子，然后在幼儿园操场上疯玩，她上蹿下跳的，敢于做一些同龄人不敢做的事情。此时，旁边的一个妈妈就好心提醒："你家孩子真调皮，老师可不喜欢这么闹腾的，老师都喜欢乖孩子，不惹事。"

听到这儿，我就顺便问这个妈妈，她心目中的"乖孩子"是什么样的。她回答说："听话、学习成绩好、自律、聪明、文静、讲礼貌、身体健康、自信、勇敢、有领导力……。"

2. 什么是好孩子

虽然上面的"要求"之间，多少有一点矛盾，但这确实是绝大多数父母的期望。而这种观念引发的问题是：第一，到底是谁，最

55

想让我们的孩子成为一个"乖孩子"？是孩子自己？是父母？是老师？是学校？是孩子未来的职业要求？是社会？第二，"乖孩子"真的是我们教育和培养孩子的终极目标吗？

对于家长、老师、学校来说，一个听话的、善于接受和遵守命令的孩子，是多么让人省心啊！只要我们教导他好好学习不犯错，他们就应该会沿着正确的方向走下去。所以，最保险的教育方式，就是把孩子放在一个"模子"里面，沿用前辈们的成功方法，让自己的孩子也成为一个如法炮制的"优质产品"。

相信很多家长都笃信，跟着主流走，绝对不吃亏。最好自己的孩子也能顺利地进入名校，为他们的人生赢取一个闪亮的身份牌。可即便是孩子考上了清华、北大，甚至哈佛、耶鲁，是否能够保证他们走上社会以后，仍然是一路坦途呢？

飞速变化的世界，对人才的要求是越来越高的。一个从小就习惯了遵守各种命令，不会怀疑也不能抗拒，不敢挑战也不愿负责，没有自主自发的探索精神的孩子，未来如何应对各种竞争与机会？这样的孩子，能成为受人景仰的领袖吗？

♪. 短板理论

我们身边有太多的孩子，身上拥有"木桶的长板"。而家长却在不知不觉中，按照所谓"短板理论"来培养孩子，结果抹杀了孩子的才能。孩子也许会变成父母想要的样子，但也失去了实现最大人生潜能的可能。

我自己也觉得，孩子要是特别听话，让她干什么她就干什么，那该有多省心啊。但以是否"听话"来衡量孩子，与孩子活泼、好动、爱探索、爱体验的天性和心理特点是完全矛盾的。对于天生性格强势的孩子，"有压迫的地方就有反抗"，不仅无法建立亲密的亲子关系，而且长大到自认为能独立的年龄，就会和父母对着干。而天性温和的孩子，恐怕就真的被父母给"加工"成一个标准件了。

现在就让我们看看家长们在生活中，是怎样把有天分的孩子变成了"平庸之辈"的吧：

- 孩子喜欢玩地上的小石头、小木棍等"脏东西"，却被你禁止了，阻碍了孩子的好奇心。

- 孩子喜欢观察蚂蚁和昆虫，你认为那是不务正业、耽误学习，剥夺了孩子观察世界的机会，也磨灭了他们天然的探索欲和求知欲。

- 孩子玩拼图和积木时总是拼不好，想要自己琢磨，你却嫌他太笨，直接"教"给他技巧和捷径，剥夺了孩子自主探索和发现规律的机会。

- 孩子想养狗，而你讨厌狗，不让养，孩子失去责任教育和爱心教育、以及近距离观察小动物的机会。

- 孩子想在下大雨时踩水玩，或是在落叶堆里打个滚，你担心孩子把衣服弄脏或是着凉感冒了，阻止了他的游戏，孩子则失去了用身体感受自然的机会。

- 孩子想去挑战有难度的攀爬或者健身项目，你担心孩子会受伤并阻止了他，孩子也就没机会学习自我保护，也逐渐失去了自我超越的勇气。

- 孩子画了蓝色的树叶，你认为错了，让孩子改过来，扼杀了孩子的想象力。

- 孩子问你众多的"为什么",你胡乱解释,造成孩子的认知错误。

- 孩子"喋喋不休"地和你讲他感兴趣的话题,你嫌烦,不是随口敷衍就是让他安静,孩子感受到的是:我喜欢什么一点都不重要,你们也不在乎。因此他会变得越来越沉默。

- 你觉得学习是最重要的,而照顾他则是父母的责任。因此,孩子每天都按照你的时间表生活,无法学会自己照顾自己,也不可能发展出真实的生活经验,和自我管理的能力。

- 孩子对老师教学的方法有不同意见,你却让他"乖乖听老师的,别多嘴",孩子逐渐放弃了自主的思考,也没有了挑战常规的勇气。

- 孩子喜欢表现,想当小领导,你认为他是乱出风头瞎指挥,埋没了孩子的领导才能和自信。

- 孩子喜欢和小伙伴疯玩,你却觉得他们玩得没有"水平",是浪费时间,剥夺了孩子原始的社交享受,和释放压力、排解情绪的机会。

- 孩子和民工的孩子一起玩,你嫌弃对方不入流,剥夺了孩子平等的人际沟通机会,也失去了发现他人优点的机会。

- 孩子被别人欺负了,本想去讨回公道,你却教育孩子"以后离他远点,惹不起躲得起"。孩子学不到自己解决问题,同时也变得懦弱、胆小怕事。

- 孩子嬉戏中不小心被别人碰伤,你却冲上前去把别的孩子教训一顿。孩子也许会觉得难堪,可同时也会觉得自己没用,不免会更加依赖家长的呵护。

● 孩子们玩闹中发生了不公平的事，你的孩子想主持公道打抱不平，你却让他少管闲事，免得被别人欺负。孩子怎么可能培养出正义感和责任感？

● 你习惯于为孩子安排一切，从穿着打扮到和谁一起玩，从选什么兴趣班到如何度周末……孩子从没学过如何思考和选择，长大后一旦面临重大决策就会束手无策，而那时你却埋怨他没出息。

● 家里最好的东西都给孩子，老人反而排到最后，孩子养成了自我为中心的习惯，也不可能懂得关爱他人和孝道之心。

● 孩子想自己去超市买东西，你怕他迷路或是把钱丢了，孩子无从锻炼独立能力。

● 孩子帮你干家务活却不小心打碎了东西，你嫌他碍手碍脚，孩子自此对家务事袖手旁观，不仅无法锻炼动手能力，也对家人的辛劳变得冷漠。

● 你觉得孩子发脾气或者情绪低落都是矫情、没事找事。孩子的情绪得不到关注和疏导，到了青春期，孩子一旦脱离了你的监管，就会到外面寻找"真爱"，陷入早恋。

……

也许父母们觉得上面这些都是生活中的小事，用不着危言耸听。可是，若孩子在生活中不断地重复出现这样的事例，那这些负面的行为习惯，自然就内化成孩子的人格特征。等他成年之后，身上一定会带有深深的烙印，到那时父母就算幡然悔悟也只能望儿兴叹了。

这也从另外一个侧面说明，我们还没有真正地把孩子当成一个独立的人看待，总想维护自己的"权威"。在不自觉中，父母喜欢摆"家长"的姿态，从来没有想走进孩子的情感世界，去感受他们的喜怒哀乐。

场景4 起来！拯救男孩！

在孩子的成长中，一切皆有因果。家长每天的所作所为，都对孩子的未来产生着极其深远的影响。如果你抓住一个小小的机会，你对孩子教育就事半功倍，若你忽视了，也许你可能用一辈子都改变不了孩子的状况。所以，生活点滴就是教育，而教育中无小事！

1. 场景一

我和孩子经历过这样一件事：

端午节，全家郊游。当带着女儿爬山时，看到一块巨大的石头。尽管是天然形成的石头，表面却非常平整，像块大石板，石头表面是个斜角，倾斜约45度，最高离地近4米。我女儿从小喜欢攀爬，此时立刻脚痒。孩子妈看到她跃跃欲试，见怪不怪地说："想爬可以，但需要有爸爸的保护。另外你得把鞋脱了。"

孩子妈妈的意思是，由于孩子没穿运动鞋，光脚的摩擦力更大，也更便于脚下用力，这是我们家的"老规矩"了。孩子一听，鞋子一秒不到就离开了脚，同时小喇叭"通知"我去帮忙。在我间接的保护下，孩子很快爬了上去。虽然下来时有一点胆怯，但慢慢也倒退着下来了。

巧的是，我女儿准备爬时，一对夫妇带着一男孩正好路过。小男孩大概6岁，看着我女儿爬，神色有些好奇，自己也迈上一条腿想尝试。而此刻他妈妈立刻喊起来："××，你不许上去！"我眼看着那个男孩，神情一挫，然后眼巴巴地看着，两只小脚不停地用鞋面蹭自己的小腿。

当看到我3岁多的女儿顺利爬下来，小男孩也学着脱鞋爬上去。而这次，孩子妈妈立即抓住孩子，说："你非得哪儿危险往哪儿去啊你！"转而又对着孩子爸爸大叫"×××你干嘛呢？也不管管你儿子！走了，走了！"男孩没再说什么，蔫蔫地跟着妈妈走了。而爸爸呢？在整个"事件"中，一言未发。

2. 男孩怎么都消失了？

大家从这个小小的事情中，看出什么名堂，有什么感悟？我说说几点感受：

第一，当今社会，无数人高呼"拯救男孩"，大家也在感叹"纯爷们儿"越来越少。作为男孩的父母，一定都希望自己的儿子能成为顶天立地的男子汉。可为什么在男孩子想要体现勇气、挑战困难的时候，父母却要硬生生地阻止他？

男孩子，是需要通过挑战和征服，来证明自己和积累自信的。这在他们进入社会之后，将直接影响到他如何面对压力和困难、能否克服逆境，甚至从中脱颖而出。真正的人才，一定有过硬的心理素质，而缺乏勇气和征服欲的男人，能挑起重任吗？

第二，孩子对自然界的好奇心和探索欲，本来就是人类的本能。

因兴趣而引发的探索精神，是孩子最天然、最有效的学习动力。若因父母原因，孩子不能自主选择兴趣，那久而久之，兴趣还存在吗？孩子恐怕会对什么都无所谓，甚至麻木。等孩子到了学校，家长就一而再、再而三地批评孩子"对学习没兴趣"、"没有一点钻研精神"，瞧，这孩子多冤枉！

第三，一个"功能良好的母亲"，应是慈爱、温柔、善良、宽容、接纳的。我遇到的这位妈妈，一定是爱护孩子的。然而，这位母亲表现得过于控制。同时，一个"功能良好的父亲"，应该是智慧、勇敢、权威、正直、有力量的。而那位爸爸自始至终没有发言的机会，我想就算他说了，也没什么分量。现在试想，一个控制欲很强、又很爱自己儿子的妈妈，同时孩子父亲在家没什么话语权，那么他们的儿子未来可能是什么样？

好，回答这个问题之前，我再说另外一个事。

3. 场景二

我有一个女性朋友，超级能干、泼辣，她"娶"了一个老公，现在两人都四十多岁了。这个老公，表面看是一个很平和的人，多少有一点"与世无争"。当第一次见时，我的第一印象是，这是一个老实人，不爱说话，蔫。而在经济上，他的收入不及他太太的一半。

要说，作为一个强势的女人，有这样一个随和的老公，好像也没有什么不好。可是，我朋友老公的父亲去年过世了，自此他只要回到母亲家，晚上必然要陪母亲挤在双人床上睡觉。当两口子一起回的时候，这位老公让妻子，也就是我的朋友，自己到客房睡，他依然去陪母亲睡觉。

对此，我朋友非常地不满。我含蓄地了解了一下，这位老公说："我母亲身体不好，万一晚上有事我能照顾她。"然而有意思的是，老太太总说身体不好，可是她一个人独住，也从未发生过任何状况。但只要儿子回家，不管儿媳妇是否陪同，老太太都要求儿子晚上陪着她睡，因为她"身体不好"。在这个家庭里，母亲一直居于控制的地位，儿子和母亲从小关系就很好，而对于父亲，相对疏离很多。

大家看到这里，品味一下，两个例子到底有什么联系？

1. 两个家庭的相似之处

从爬石头事件，其实我们可以看到，孩子是初生牛犊不怕虎，是勇于尝试的。许多家长都希望自己孩子胆大一点，但实际所作所为却让孩子的胆子变小。孩子的胆量，许多时候不是教育出来的，而是让孩子在一次次的尝试中，做出孩子"我能行"的事情来。

所以，对孩子的教育不仅仅是教孩子认知和学习，更多的是让孩子在生活的一点一滴中，培养出优质的品格。十分可惜的是，当我们一边拼命创造条件，让孩子获得良好教育的同时，我们又在不停地破坏孩子的生命力！许多家长在生活中，因为自己的无意识，在自己不知不觉的"引导"和"示范"下，带着孩子走偏了。

好了，让我们从第一个家庭中，可以看出什么：

● 强势母亲和弱势父亲；

● 控制欲很强的母亲，以"爱"的名义掌控家庭；

● 几乎没有父权的父亲，也不参与孩子教育；

● 母亲限制孩子做她认为危险的事情；

● 当着外人，训斥孩子；

  ……

那孩子接收到什么样的信息，有什么感受？

● 连爸爸都不是对手，抗争妈妈是无用的！

● 真羡慕那个小妹妹！

● 还是放弃冒险精神吧；

● 妈妈总说我不行，也许我是真的不行；

● 当着外人数落我，真是难堪；

● 只要听妈妈的话，就不会挨骂；

● 当我想要做什么事情之前，最好还是经过妈妈的同意；

　　……

那第二个家庭中，可以看出什么：

● 强势母亲和弱势父亲；

● 控制欲很强的母亲，以"爱"的名义掌控家庭；

● 几乎没有父权的父亲，也不参与孩子教育；

● 母亲总有办法控制儿子，很简单，通过"生病"就能让儿子
　留在自己身边；

● 不管儿子多大，对母亲而言，永远是她的私有"物品"；

　　……

那孩子是什么样的一个人？

● 抗争妈妈是无用的，"服从"的代价最小！

● 听妈妈的话，通常都没错；

● 我已经习惯了什么事都有妈妈管；

● 对我来说，一个能干的妻子和妈妈一样，可以把我照顾得
　很好；

● 与世无争，挺好，不需要操心那么多的烦心事；

● 别人说我什么，随他们吧；

……

　　上面两个真实案例的分析，相似度是很高的。但我并不想、也不能下结论说，第一个家庭中的男孩，经过母亲的强"控制训练"，一定就会变成第二个例子中的"那位老公"。但我们或许应该想想，什么样的家庭形态对孩子来说是最良好的？自己家里现在是什么样的？家庭的功能都正常吗？我们是否有意无意地控制孩子，并对孩子的"听话"洋洋自得？孩子在家庭里是否自由？是否被尊重？是否保留了他们珍贵的天性？

　　顺便说一下，若一个家庭中，母亲过于强势而父亲基本没有父权，在这样家庭中长大的孩子，到青春期是会有许多麻烦的。强势的母亲最容易养出两种孩子，一种是和她一样强势，一种则是性格软弱，喜欢逢迎和讨好他人。天生性格也比较激进的孩子，一旦进入青春期，很容易出现强烈的反抗和对抗，甚至是暴力行为。

　　同时，由于憎恶自己在家庭中被控制和压制，这样的孩子与父母之间的关系会较为疏远，甚至是恶劣。最常见的结果就是，妈妈一边哀叹自己多么关心孩子，一方面孩子却根本无动于衷，这岂不是做父母的莫大悲哀！

场景5　玩雪才能真正认识雪

经常碰到一些父母，说教孩子一些东西时，虽然也反复地复习，孩子还是记得快但也忘得快，很困惑这是为什么。这让我想起了自己小时候的一个经历。

1. 幼时对雪的回忆

我幼时生活在南京。稍微懂事，父亲就通过故事和唐诗宋词，或讲他小时候的事情，不止一次地告诉我什么是"雪"。而在我当时记忆里，虽然父母花了大量时间来解释，可我怎么也不能理解，什么像漫天飞舞、纷纷扬扬、碎琼乱玉、洁白一片、玉树琼枝、银装世界、鹅毛大雪、大雪封门、银装素裹，以及"雪"像棉花糖、棉花被、白花花的一片等。不仅完全不理解，也怎么想象不出到底是什么样。比如，大雪还能封门，那人还能活吗？

于是我就想，若让我真的见到雪，我愿意用 10 块大白兔奶糖来换。可是没有人能换走我的 10 块大白兔奶糖。

等到我少年的时候，举家北迁，在那年冬天，我终于圆了幼时的"梦"。那天，我在鹅毛大雪里玩了 3 个多小时，回家衣服基本湿透了，手脚、脸都是红的。可是，在雪里玩了 5 分钟，我就明白了什么是"雪"，也真正明白了那些形容词的含义。困扰我至少 8 年之久的难题，没有了。

在那天回家的时候，我就想，谁现在给我讲"雪"，我会马上明白的。等到我女儿在冬天出生的时候，我就对自己说，在孩子没有真正见到"雪"之前，我尽可能不和她讲什么是雪。

于是乎，也是为了节省自己的时间，我养成了一个习惯，孩子未见到真实东西之前，尽可能地不对孩子解释。比如，逗孩子玩的会响塑料鸭子，我会说玩具，或是说塑料鸭子，而不会直接说鸭子。

后来，我学习了更多儿童教育理念以后，我发现我还真"蒙"对了。

2. 幼儿认知的方法

幼儿是借助于形状、颜色、声音来认识世界，而不是依靠语言交往所获得的知识来认知。幼儿思维活动虽已有所发展，但仍然紧紧依靠感知的形象。同样，幼儿记忆也直接依赖于感知的具体材料。对直接感知过的形象的记忆，比对语词记忆的效果好，在记忆内容上也是以运动、形象记忆为主。所以，感知觉在幼儿的心理活动中占优势地位。

如果说的更直白一点，就是幼儿的认知，以具体感知觉为主，如视、听、嗅、味、皮肤感觉，而记忆以运动、形象记忆为主。

比如我上面说的"雪"，假若孩子没有经过视、听、嗅、味、皮肤感觉的处理，由于孩子对事物的认知，还不能做到对客观事物的概括和抽象，其形象记忆大打折扣，更谈不上文字化的抽象记忆了。

就算你给孩子讲了许多，也给他们看图片、视频，但就是没有身体的感知，还是不能形成真正的认知。只有孩子真实地接触到"雪"，其认知过程才能最后完成。

所以，幼儿教育应尽可能地抛弃抽象概念，要多用直观材料引导，且最好是真实实物的，其次是实物标本，最次是图画。如果孩子只是通过图画进行认知，虽然通过形象记忆可以照存下来，但这是不完整的，需要进行第二次认知。这在某种程度上讲，会使孩子的学习效率大幅度降低，浪费了大量学习时间。

我曾经见过许多父母，拿一些启蒙卡片，甚至是一些已经过艺术加工的小玩具，让幼儿进行认知，比如各种动物图片，或变形的小鸭子。当孩子经过单一的视觉感知，这些形象记忆虽然被简单记录下来，但等见到真的鸭子时，肯定会和记忆中的对不上号，只有经过二次认知，才能形成最终的"鸭子"认知。

这在很大程度上，是孩子还不具备概括能力，也只有到了8~9岁，孩子的直观形象特征的成分逐渐减少，事物内在本质特征的成分渐次增加。

𝒮. 幼儿最好的记忆是先感知

与其这样，那为何不反过来做？也就是说，家长应该先创造条件，比如让孩子先见到真实的鸭子，通过各种感觉的感知，鸭子形象被"照存"在脑海中。此时，孩子再见到鸭子图片、经过艺术加工的玩具，十之八九是不会认错的。所以，针对幼儿，家长应该利用生活中大量真实的东西，来引导孩子认知，让孩子去摸、捏、抓、舔、啃、闻、嗅，这样才能与孩子的视听结合起来，形成完整的感知。

对幼儿学习而言，家长的教育要根据孩子生理、心理的发展程度来进行。一个很简单、很寻常的概念，成人看起来非常简单，这是因为你的大脑已经发育到了那个程度，而孩子大脑却没有发育到那个程度，理解起来就非常的难。这也是"教育应该走在孩子发展的前面"，但又不能太超前的原因。

另外，幼儿主要是运动、形象记忆为主，认知以具体感知觉为主。孩子需要不断地进行感知刺激，才能通过动作来认知。这些都是孩子的直接经验学习，而非间接经验的知识。

也许有父母会说，孩子不到 3 岁就教唐诗，孩子背得快着呢！这好像也没有"错"。只是你有没有想过，如果孩子会背了一首唐诗，然后你连续一个月不让孩子接触，你再让孩子背背试试，大多数是忘记了。

因此，在幼儿期更应该进行生活认知和习惯养成。这些都是需要天天接触、做的事情，孩子通过这些天天不断的"刺激"，进行内化。这对孩子未来的学习和习惯养成都有很大的帮助，也并不因为不经常接触而遗忘。

在孩子应该学的时候，学习该学的东西，这样才能使学习的效率最大化。当一个孩子，减少了二次认知或重复认知，既减少了时间的浪费，提高了教育的效率，也顺应了孩子的发展，何乐不为？

场景 6　不谈死亡的死亡教育

媒体报道中，不时出现孩子遇挫自杀的事件。如果往前追溯，这往往与儿时的"死亡教育"不足有关。在中国人的思维习惯中，从来都是很忌讳"死亡"，也很少跟孩子谈论这个话题。

1. 孩子的死亡教育

对幼儿进行死亡教育是非常有必要的。可问题是，2～6岁的孩子，思维常表现出笼统的、不准确的分析特点，最典型是泛灵论，即认为外界的一切事物都是有生命的。在物品都有生命的情况下，确实很难与孩子解释有生命的死亡。

心理学研究也发现，3～5岁孩子觉得死亡就像睡觉或旅行一样，是一个可逆的过程；5～9岁孩子已能够接受死亡的观念，但不知道死亡会发生在每个人或自己身上；9岁以上孩子已经知道死亡无法避免，甚至会发生在自己身上。所以，对幼儿的死亡教育上要特别注意该年龄的心理特征。

当你有一个6岁以下孩子时，向他们直接描述死亡，是没有什么价值的，有时反而可能把孩子吓住，失去了本来的教育意义。

若孩子问"爸爸，什么是死？"那么，该如何对幼儿进行"死亡教育"？我个人认为，"死亡教育"有两个重要方面，一是克服对未知事物的恐惧，当孩子明白这点，其勇敢、坚韧、探索都将得到极大发展；二是"爱"的教育。

从教育上讲，"死亡教育"最好延伸为对生命的珍视，任何有生命的东西都有其生命周期，让孩子们知道生老病死是很自然、甚至是很应该的事情。虽然我们要告诉孩子，死是一切生物不可避免的自然结局，但更应该告诉孩子的是生命意义，这样才能不让孩子对死亡产生恐惧和心理阴影。

不过，生死教育不用刻意为之，下面的做法是非常不合适的：5岁前亲眼看到真实的血腥场面；当着孩子说"死"可怕；将"死"跟鬼魂联系在一起，和孩子说毛骨悚然的鬼故事；平时用鬼、可怕的东西吓唬孩子；看暴力、凶杀、恐惧片；参观"阴曹地府"、"幻宫"展览等。

2. 不提死亡的死亡教育

若你没有让孩子接触上面的情形，孩子没有这些恐惧，对死亡的理解就不会是消极的。例如，当孩子看见了一只死去的麻雀，孩子不仅不会害怕和产生恶心感觉，还表现出强烈的求知欲望，并为此产生有趣的生命科学探索活动。

所以，正确地让孩子明白死亡，可以采取下面的做法：

第一，让孩子自幼就接受"死亡教育"，先要尽可能消除他们对未知事物的恐惧，同时开始"爱"的教育。这就是让孩子真正理解生命的终结和存在，即明白生命是从哪里来，去往哪里。家长重要的要让孩子明白，这个世界是美好的，有许多东西值得留恋。

第二，家长要让孩子明白，每个人的生命都不仅仅属于自己，谁都有自己的亲人、好友，我们的生命对于爱我们的人来说，是多么的美好和宝贵。孩子你虽是家中的宝贝，但也是家庭中的一员。这样，孩子从小就感觉到家的温暖，有困难时会第一时间向家人寻求帮助。要知道，在没有爱的家庭中长大的孩子多数叛逆，而这样叛逆行为让孩子感到前所未有的新鲜和刺激。

第三，让孩子接触到非人类的"死亡"。这是要让孩子明白死亡是很自然的，且并不是可怕的，这样他们能以平常心面对自己生活中出现的非人类"死亡"。

可采用的小技巧有：

1）玩具、书、日常用品等坏了、修不好了；

2）从大自然知生死，察觉四季转换，如种植花草，观察其一生；

3）在家里养蚕，观察蚕被孵出、变成成蚕、吐丝结茧、变成蛾产卵，体验生命的轮回；

4）翻出老照片，跟孩子说说自己的父母或记忆中的爷爷奶奶；

5）带孩子参加家族祭拜；

6）观察腐烂植物"尸体"变化，如腐烂蔬菜或水果；

7）打死蚊子类害虫；

8）拿宠物当媒介，宠物的寿命短，极易成让孩子第一次接触真实动物的诞生和死亡，但这个场面最好在孩子5岁以上。

当我们让孩子尽可能地克服恐惧后，又具备爱心、自信心，对自己的东西珍惜，你想，孩子对这个世界充满了依恋，敢于面对、探索世界，遇到了挫折，也知道如何面对，他们长大后，还会轻视生命吗？

𝓙. 无法避免的家人死亡难题

最后说一个特殊情况，即生活中一个至亲离开了人间，而孩子又必须面对，且孩子又小的情况，家长行事、说话需要注意的：

孩子小于 3 岁，建议说"某某不见了"，不建议参加葬礼；小于 6 岁的孩子，"就像自然界中，树叶由绿变黄再凋零一样，某某离开我们了，不会再走路、呼吸、说话和吃东西了，但我们依然爱着他，他也还爱着我们"，同时也不建议参加葬礼。

6 岁以上，可以实说，但有几点需要注意：不欺骗孩子，坦诚地给孩子们最简单明了回答；家长和孩子都不宜压抑自己的感情，可以和孩子一起思念，但家长需要尽快走出悲伤；不宜过度的禁忌谈论此事。

场景7 "得寸进尺"提要求

一个习惯的养成，除了不断的引导和正确的示范，还需要有一定的技巧。这样才能让对方接受的基础上，使良好习惯主动得以被内化。

1. 高超的"驯夫术"

记得一个朋友和我讲过一个故事，说一个贤惠的妻子，想让"油瓶倒了绝对不扶"的老公变得勤快一点。所以采用了非常高超的"驯夫术"，使自己的老公"心甘情愿"逐步被自己"使唤"。

你想知道她是怎么做的吗？其实，操作方法及其简单：

某天这位聪慧的妻子故意晚回家一会，然后打电话问老公，是否可以替她冷一杯白开水，老公说没有问题，然后又让再帮一个小忙，麻烦顺手把电饭锅的开关打开，并说米和水都已经放好了。老公照做了，回家后妻子夸奖了老公。过了两天，故伎重演，只是这次米里面没有放水，要求老公顺便加三碗水，老公均照做了。当然，回家后妻子还是夸奖了老公。

又过了几天，这位妻子又打电话回家说，能否请老公帮忙做一下米饭，她正在超市买好吃的。老公说愿意，然后这位妻子说："那我告诉你，米还没有淘，这样还愿意帮忙吗？"老公犹豫了一下，说可以。于是，这位妻子就告诉老公米在什么地方，淘几遍，水放多少。当然，回家后妻子"衷心"感谢了老公。

于是乎，这位聪慧的妻子，经过长达一年的"驯夫"，从淘米开始，不断加码，什么洗菜、切菜、炒菜等，终于使懒汉变得勤快多了。当然，其中不免也偶尔"失败"，但在各种奖励的鼓舞下，老公还是从完全不会家务活的"生手"，逐渐迈入"高手"的境地。

当然，这位聪慧的妻子可不是完全把家务活推给老公，而是共同与之完成，其老公也从中感到了乐趣。

2. 承诺的力量

大家看懂这个故事了吗？如果你只看到了"奖励"和"循序渐进"，抱歉，本次"测试"没有及格！虽然这两点也非常非常的重要！

所以，我希望大家往下看之前，请再次读一读上面的故事，你可以带着这样的疑问去看：那位聪慧的妻子，每次是怎么说的？

这样吧，我接着说一个对孩子的例子，这次没有了"奖励"和"循序渐进"，但核心道理是一样的：

老师："你愿意来教室做思考试验吗？"

学生："愿意的。"

老师："那么我告诉你，试验是明天早上七点钟，你愿意吗？"

学生："嗯，我想可以的。"

假若换一个说法：

老师："你愿意明天早上七点来教室做思考试验吗?"

学生:"……"

这是一个非常经典的测试，而其结果令人惊讶，用前面的说法，老师的成功率是56%，后面的说话方式，成功率降到了24%！为什么会这样？你是不是感觉上面的说法，从内容上看，好像没有什么区别。对的，内容上是没有区别，但前者在对话中，多了一个"承诺"。

承诺，是指某人对某项事务答应照办。假如我们主动作出一个决定，或选择了一种立场，我们就会受到发自内心和来自外部的"压力"，使我们的所作所为，尽可能与我们的承诺保持一致。这是因为，通常行为与承诺保持一致，对我们是有利益的。而且，能够遵守承诺的人，也更受人欢迎。所以，一个人为了与社会常态吻合，并受到他人的认同和赞许，都在一定程度上会遵守"言行一致"。

对于孩子，也是一样的，通过承诺，会影响到孩子对自己的看法。虽然孩子是易变的，但他们依然习惯与承诺保持一致，以此获得赞赏，并会养成遵守承诺的习惯。对孩子的承诺，要想获得应有的效果，那这个承诺一定是孩子自己选择的，也是积极的、公开的，其结果是对孩子是有利的，且是孩子经过努力可以达到的。

所以，当一个人为了一定的"利益"，会做出一个承诺，包括孩子，这个承诺会引起他们内心的变化，而这种变化自己就会巩固下来。如果此时对方提出新的要求，哪怕是损害最初的"利益"时，人们为了使自己的行为与他们新近形成的自我形象相吻合，他们还是会答应的。

在使用这种策略时，切记要使第一要求变成简单、容易接受，一旦孩子承诺，你就可以轻松地追加"非分"的额外要求了。另外，此策略对学龄孩子比较有用，自信心越强的孩子越管用。

3. 利用承诺的经典例子

最后，为了帮助大家理解，我再举三个例子，以此类推，就能获得对应的效果：

例1：孩子回家后，不"习惯"先写作业。

你可先让孩子自己制订一个时间表，包括什么时间写作业，什么时间可以玩，也就是让孩子自己对自己行为做出承诺，然后写在醒目的地方，并请父母监督。大多数情况，孩子会遵守自己的规定，特别是开始的前期。"非分"的额外要求，可利用孩子自己节约的时间，如孩子规定自己写作业是40分钟，结果20分钟完成，此时你让孩子玩5分钟智力游戏等，其他时间可以让孩子随意去玩。

例2：带小孩子出去玩，孩子不想走路了，要抱。

你可以让孩子选择走到某棵树那儿，然后就抱。一旦到了约定的地方，你就主动抱起孩子，这相当于双方都信守了承诺。再往后的时候，孩子一旦选好了某一棵树，你可以与他商量，要是他能走到下一颗树就更棒了。此时，一般情况下孩子会完成更难的任务。在孩子做到了以后，你给他几个热烈的亲吻或拥抱，孩子就会记住这承诺后面的意外"好处"。

例3：孩子有随手乱放东西的习惯，而你希望把东西归到它们应该在的地方。

比如你希望胶带放在写字台的右手抽屉里面。某次孩子随手把胶带搁在餐桌上，你等孩子往写字台走的时候，而后问孩子他是否可以顺便做一小事，等其同意后再说，麻烦他随手把胶带放回写字台的右手抽屉里面。如此，类似的反复，以后孩子也会"随手"把东西归位。

场景 8 别怕孩子让你丢人

某次，我应几个家长朋友邀请，去参加一个儿童教育中心的体验课。

1. 场景一

当我掐点带着孩子赶到的时候，活动即将开始，可场面上极其混乱。近 20 个 4 岁左右的孩子在教室里面大呼小叫地玩耍，当给孩子发完坐垫、老师准备开始时，许多孩子还不能安静下来。于是，老师开始利用"木头人"游戏，试图把孩子聚集在一起，可依然有几个孩子满场飞。

看到我女儿拿着垫子在地上玩，时不时还招呼几个认识的小朋友一起玩，老师不时地提醒孩子赶紧坐好，说老师马上要讲故事了。我当时是什么也没有做，只在旁观。而其他几位家长都按捺不住了，马上劝说自己的孩子安静下来。而当老师真开始讲故事，所有孩子都立刻安静下来，认真地听故事了。

⒉ 家长的心态

在生活中，如果你仔细观察，就可以经常发现孩子让父母"丢人"的情况，特别是周围的眼光都聚集到你和孩子身上的时候，不少家长真希望地上有一个洞。那孩子都做了什么？无非是当众哭闹了，或你说的孩子不听，或孩子说了让你难堪的话，或你的孩子和其他孩子表现大相径庭，或他做了不符合成人道德观念的事情，等等。而最让人不可理解的是，只是自己的孩子表现得不如别人孩子"好"，有些家长就感觉丢人了！

对于这个问题，其根源何在？为什么家长非常在意孩子在外面的表现，难道就是为了自己的面子？若孩子得到"赞许"和羡慕的眼光，就算孩子做得不好，父母也感觉挣得了脸面。而当父母觉得孩子犯错误，或得到鄙视的眼光，就不管孩子做得是否正确和恰当，立刻感觉自己丢人了！为什么这样，其主要原因就是，家长根本就不看问题的实质，仅把孩子的表现，当成自己荣耀与耻辱的象征。

就像上面的场景那样，假若你也遇到这样的情况，绝大多数孩子已经听从老师的话，已经坐好的了，老师说"请小朋友安静下来"，并且老师的眼光无数次扫过你不"老实"的孩子，其他家长也"鄙视"地看着你的孩子时，你会脸红和感到丢人吗？会去强制自己孩子安静下来，还是先带孩子离开这里？

⒊ 孩子的心态

其实，这个问题对于孩子而言根本就不是问题。当一个 4 岁左右的孩子初进入一个陌生环境时，是比较拘谨的，不可能像成人那样，能够很快适应。所以，孩子不是相对安静和审慎，就是通过大声说话、捣乱来排解自己的恐惧。如果带孩子去从来没有去过的地方上课，家长应该带孩子提前半小时左右到达，给孩子充分的时间去适应场地和结识其他孩子。

比较特殊的是，孩子到了陌生环境里，而其中又有几个熟识的小伙伴，则环境影响会大为下降，孩子们反而会快速适应环境，并主动去发现、利用环境进行游戏，甚至是由于环境陌生反而激发出探索的欲望。

假设孩子们"散落"在各处各玩各的，老师又不能充分调动起孩子的兴趣和注意，这时老师想要求纪律几乎是不可能的。相反，孩子不仅不会跟从老师的指引，反而还会把这当成一种好玩的游戏。在这种情形下，只有利用孩子最感兴趣的东西，抓住孩子的注意力，才是控制局面的关键。

4. 场景二

说到这里，顺便再说一个事例：

某男孩平时几乎不喜欢吃零食，一天看到另外一个女孩在吃零食，就向对方要，可对方却不给。于是这男孩就打了女孩几下，结果小女孩的父母开始责备女儿太小气，搞得男孩的父母也很难堪，当着众人的面训斥男孩丢人！可问题是，这男孩的父母为什么感觉丢人？就是因为自己孩子打人，且对方孩子挨打，感觉自己的孩子没有教养，所以让自己很丢脸？

说实话，小男孩的父母感觉丢人，其实是大可不必的。当问起男孩为什么打人，他的回答很简单，就是"饿了"！而男孩为什么饿呢？因为这一天小男孩是在中午 11 点半吃的午饭，而事发时间是傍晚 7 点，孩子不饿才怪。虽然那女孩不会分享，有可能有一定问题，但这么长的时间，男孩父母没有注意到孩子需要进食，是不是责任更大呢？

所以，孩子出问题了，就应该找问题的根源，而不要看表象。孩子的所作所为，都是其天性的自然体现，成人的道德观在他们那里，是说不通的。做父母的忽视孩子的最基本需求，怎么还能要求孩子展现优良的精神？

这两个例子是很相像的，对家长而言，感受都是难堪和丢人。但两个例子比较大的区别是，前者家长可以暂时旁观，因为孩子没有什么错误。而后者则必须向孩子承认错误了，因为爸爸妈妈没有尽到照顾孩子饮食的职责，导致孩子饿了才向别人要吃的，是爸爸妈妈的不对。同时非常重要的是，必须要求自己的孩子向对方道歉。

5. 父母别怕"丢人"

许多时候，父母看待孩子的表现，不能站在自己的"脸面"立场上。孩子让家长"丢人"并不可怕，关键在于家长的心态是否平和，是否耐得住环境的眼光。只要你坚信这样做是对的，就算"丢人"也没什么。而当家长感觉"丢不起人"的时候，对自己和对孩子都会失去耐心。当然，当孩子做出一些出格的事情，就需要及时制止，一是防止事情进一步恶化，二是让孩子明白界线在什么地方。

家长的心情是可以理解的，但孩子就是孩子，你不能总是用成人的视角来判断孩子的行为。所以，当你看到孩子"犯错误"的时候，一定要耐心和静下心来分析原因，"丢人"事小，错过了观察孩子行为背后原因的机会，则损失更大。

一个家长遇到孩子让自己"丢人"时，其实不是坏事。一方面，很多父母感觉"丢人"，实际上是孩子的天性使然，是孩子正常和充满活力、探索的表现，也充分说明你尊重孩子的自然成长，你所要做的就是，尽可能做一些预防，让孩子学会快速适应和正确应对。而另外一方面，这也可能是一个很强烈的信号，说明家长有忽视孩子的地方，或是自己教育不到位了，让你知道问题所在。

3. 祖孙三代　非常"6+1"

在大部分独生子女的家庭中，孩子刚一出生就即刻成为了整个家庭关注的焦点。6个大人呵护着一个孩子，典型的非常"6+1"。

家庭对孩子的一生有着不可估量的影响，一个功能健全良好、气氛轻松和谐的家庭，能够让孩子从中获取极大的精神能量，能够建立出独立、积极、有勇气的自我。当然，围绕着孩子的抚养和教育，一家三代人之间，往往会出现这样或那样的问题及矛盾，也势必会影响到家庭中的关系和氛围。尽管看起来都是以"为孩子好"为出发点，但结果却经常"差之千里"。

所以在整个家庭中，我们应该在维护好家庭关系的前提下，尽量保持孩子教育的大方向取得基本的一致，有时候，关系比道理更重要。

场景1　给儿媳妇的一封信

两代人在孩子教育观念上有冲突，是很多家庭中都存在的现象。尤其是婆媳之间，妈妈常会对爷爷奶奶教育孙子、孙女的方式方法，有很多不同意见，而且还不好沟通，经常造成家庭矛盾。这里笔者以第一人称的写法，模拟公婆写给儿媳妇一封信。其实哪一方都没有绝对的对错，希望大家读了之后，能从老人的心理和生理角度，洞悉问题的症结，增加对老人的理解。

儿媳妇，你好！

作为你的公婆，犹豫半天，还是决定写这封信。希望你看了这封信，对我们老两口能重新认识。不管怎么样，从你走入我们家门，我们就是一家人了，同时，乖宝宝永远都是我们疼爱的孙子！

最近，我们从你们小两口的交谈、脸上的神色，以及管教宝宝时的态度上，感觉你对我们的意见越来越大了。我们回想了一下这3年带宝宝的过程，不能说没有问题。我们猜想可能有这样的几点：

第一，你说我们太溺爱宝宝。没有宝宝的时候，白天家里非常冷清，我们的生活很无聊，也觉得自己真的老了。当宝宝出生以后，我们兴奋得睡不着觉。等宝宝4个月后，你上班了，照顾宝宝的重任就放在我们身上了。当你"埋怨"我们太溺爱孙子时，孩子呀，不知道你有没有想过我们的困难？

1）我们岁数大了，心脏不适，还有高血压。当宝宝长时间哭闹的时候，我们一是不忍心，怕宝宝哭坏身体；二是心脏确实受不了。所以，有时候明知道宝宝的要求不合理，我们也很难拒绝，基本上都是满足他。但我们不是故意要把宝宝培养成唯我独尊的小太阳。

2）我们老了，体力明显不如从前了。要知道，带宝宝一天，是高强度的劳动且几乎没有一点休息时间，一点也不比你上班轻松，甚至比上班还要累。当宝宝哭闹时，我们宁肯采取息事宁人的态度，虽然这样做有一些偷懒，但为了第二天能继续带宝宝，只能这样。

3）另外，不管你还是我儿子，在你们小时候，家里都太穷了。你们想要的东西，我们实在无法给你们。到了现在，我们依然有遗憾的感觉。所以，我们把这份情意补偿到了宝宝身上，才买了那么多的零食和无用的玩意。若你真的不愿意，你把东西收起来就是。

第二，你说我们总是过分保护宝宝。要知道，我们的感知觉已开始出现衰退，如视觉退化、听力下降、行动缓慢等。在帮你们带宝宝这件事上，我们是"不求有功但求无过"，一是岁数大了本来就更加小心，二来照看宝宝也是一个巨大的责任。我们小心谨慎并担心闪失，宁愿牺牲速度也要少犯错误。

1）当宝宝会走路后，你常怪我们还总是抱着宝宝。殊不知，这是我们太担心宝宝安全了。假如宝宝在我们手上出事，就算你不责怪我们，我们自己心里也承受不起。万一有意外发生，我们对你们、对宝宝怀有双重愧疚，这也无异于要了我们的老命。你还记得吗？

有一次宝宝头上磕了一个小包，你回来抱着他那个心痛劲，让我们只能暗下决心，以后不再让宝宝摔跤。

2）在我们看来，破坏一个完好的玩具就是糟蹋东西。所以，我们对宝宝因各种原因而出现的"捣乱""破坏"，如拆卸玩具等，都会加以阻止和批评。我们这辈子节俭惯了，出于爱惜和安全，我们也不想让宝宝损坏东西。

3）宝宝出门总喜欢在地上捡东西玩，或在草丛里抓小虫子。可是，谁知道哪一样东西就会让宝宝染上病？或哪只虫子就会把宝宝咬了？出于卫生和健康的考虑，我们常常习惯性的阻止宝宝玩脏东西。

4）你说你希望宝宝能多出去探索世界，可是我们年岁大了，喜欢安静，本来就不爱运动。一来我们带宝宝出去的范围有限，二来就算我们带宝宝出去了，也不知道怎样就算是让他"探索"了。还有你自己就怕狗，看见就躲，还对宝宝说狗会咬人，宝宝想摸狗也不让。你这样做了，如何让我们敢带宝宝抓虫子、摸狗？另外，我们腿脚不利索，万一宝宝跑远时遇到人贩子怎么办？这些都是我们把宝宝"拴"在身边的原因。

第三，你说宝宝和你不亲。对于这一点，我们一天都与宝宝接触，而你们现在工作繁忙，每天满打满算和宝宝在一起的时间不超过4个小时！从时间上讲，宝宝和我们亲也是自然的。另外，你有没有想过下面的问题？

1）你总认为我们是宝宝的保护伞，宝宝捣乱后总跑到我们这寻求庇护。可你有没有注意到，你回家后还忙于其他事情时，宝宝为何总要对你故意捣乱？这个道理，我们也是最近才明白，原来是宝宝想吸引你的注意，想和你在一起。而你，总是有各种理由把宝宝轰开，不是说妈妈忙就是妈妈要打电话，结果宝宝特别失望，我们也只好把宝宝抱走。

2）我们也知道，你们处在一个竞争激烈的环境，生存压力比较大。可是你自己注意到没有，你经常将工作中的情绪带回家。如果在单位受了气，回到家更是冷着个脸，宝宝看到妈妈一回家就板着脸，或不开怀的笑，宝宝又会怎么想呢？说不定宝宝还以为妈妈不高兴都是他造成的。

3）当你们小两口发生争执的时候，也包括和我们，不管是否和宝宝相关，请不要当着宝宝的面。宝宝还小，不理解大人争吵的真正原因，但这种紧张、不和谐的家庭气氛，会让宝宝特别害怕，这也是为什么你们一吵架，宝宝就跑到我们身后的原因。

第四，你说我们总是袒护宝宝，宝宝有了错误也不能及时得到纠正。可是，宝宝就是宝宝，不是囚犯，许多时候不必过于严厉吧？你们的那些"正当管教"，我们还真有点看不上。我们虽然趋于保守，但根据我们的经验，给宝宝定规矩，一定是他能做到的，也是他能明白的。

1）记得有一次，宝宝在饭前想吃一个海苔，你们板着脸说不行，宝宝就哭着跑到我们身边，最后我们还是让宝宝吃了。确实，在宝宝幼小的心理里，谁事事依着他，那就是对他好。但是，对于非原则的事情，你们也不用那么厉害嘛。就说饭前吃海苔这件事，就算不同意，也要和宝宝好好说，或跟他商量吃完饭以后再吃。教育宝宝哪能这么刻板，连你公司的老板恐怕也不会整天这么厉害吧？

2）你平时不让宝宝碰你梳妆台上的东西。有一次，宝宝趁你不在偷偷拿了瓶香水玩，结果把你心爱的香水给打破了。你回来后，我把这件事揽到自己身上，说是我打破的。后来你发现了真相，很是责怪我们，还严厉训斥宝宝一顿。宝宝还小，他也不是故意的，可你高声嚷嚷的样子，会让宝宝觉得你的香水比他还重要，宝宝心里能好受么？

3) 虽然有时我们确实有点惯着宝宝，但是一些大原则，我们也不会破坏的。比如饭前洗手、每天刷牙、不能把别人的东西拿回家，我们不也是全力配合你吗？话说回来，你们小时候不也是这样长大的？

第五，你说我们替宝宝做了一切的事情。我们知道，宝宝本质上是一个独立的个体，不依附于任何人。虽然有时我们也嫌宝宝磨蹭，替他做了许多事情，但站在我们的立场上看，我们也是迫不得已而为之。确实，我们也需要深深的反思，我们总以为宝宝大了自然就好了，但也许我们是错的。

1) 当玩具撒了一地，虽然我们希望宝宝自己收拾，可结果往往是我们老两口自己去一遍一遍的整理。你知道这是为什么吗？其实说出来很简单：我们怕摔跤！我们的身子骨已经很脆弱，摔一个跟头，可能骨折。所以我宁肯自己动手，也要把地上的大小杂物立刻收拾干净。

2) 宝宝吃饭时，我们经常一口一口地喂，或追着、赶着喂。我们也明白这种做法不好，会使宝宝独立能力变差。但你要知道，我们不仅仅担心宝宝吃不饱，更多的是怕宝宝变瘦了。曾有一次，咱家宝宝和邻居家的孙子壮壮一起玩耍时，你不经意地说：你看人家壮壮，几天不见就长得更高更壮实了，咱家宝宝怎么还这么瘦？当时我就在旁边，你知道这给我们多大压力吗？

最后，我们想说一下，宝宝是我们晚年生活中最大的安慰和快乐。但我们现在也明白了，宝宝是你们的孩子，在带宝宝这件事上，我们是配角，主角还是你们。我们有一点喧宾夺主、大包大揽了。

确实，老人的特点加上我们的担心，这都容易影响宝宝天生的好奇心、冒险性和创新精神，容易造成宝宝视野狭小、缺乏活力、敏感、固执、退缩，导致宝宝缺乏创造性思维与发散性思维的意识。

当今天我们冷静地看待带宝宝过程，对宝宝而言，建立他的安全感，培养他正确的道德观和爱心、建立良好的界线、发挥他们的想象力、展现勇敢的精神、具备良好的学习注意力，都是特别重要的。如果宝宝缺失了这些，以后在人生的旅途中，免不了磕磕绊绊。而这些好的品格和习惯的养成，不能都靠我们，我们确实感到力不从心。

所以，你也要让宝宝明白，你和宝宝的爸爸，才是宝宝最重要的人！你们的无私的爱，是对宝宝成长最好的催化剂。假若时光可以倒流，我们还是愿意你能留在家里陪宝宝。如果做几年全职妈妈能够获得上面说的这些优良素质，以后会省大钱的，你说是不是？

我们不是完人，我们只是在自己的认识中，尽力做到最好。我们虽然固执，但还没到不通情理的程度。同时，也真心的希望你能理解我们，看到我们的难处。如果我们和你们之间能够多一些理解和支持，多一些沟通和交流，对宝宝的成长一定会更好。

爱你的爸妈和宝宝的爷爷奶奶

即日

场景 2　老人喜欢带着孩子看电视

不少朋友和我提过，他们与老人住在一起，但家里老人很喜欢看电视，还经常带着孩子一起看，感觉很难解决这一问题。

对于幼儿而言，观看一些少儿节目，在短时间内对其智力开发可能有一定作用。但我倾向于尽可能不让孩子接触电视。

研究表明，人在看电视时，脑电波和睡眠时的脑电波非常接近，大脑进入消极、松懈状态。同时，当视觉刺激过多的时候，孩子的听觉功能就被衰减到最低。所以，电视看多了，不仅会造成孩子以后学习注意力不集中，也削弱了孩子的抽象思维能力，这对大脑和身体正处于发育时期的婴幼儿非常不利。

那有何良方让孩子尽量少看电视？老人不在家，只要父母自己不当着孩子的面看电视，孩子基本上不会有过多的要求。当有老人带着孩子看电视的时候，在处理上就需要一点技巧了。

作为家长，你心中一定要明白三点，才能较好解决老人带着孩子看电视的问题。

1）有一些老人认为看电视有利于孩子的语言、行为发展，看一会电视没有什么影响。

2）带孩子确实累，把孩子放到电视旁，精彩的画面、动听的音乐，是非常吸引孩子的，孩子会老实许多。

3）老人未必真正喜欢电视，而是寂寞，如果你有时间陪老人，把他们当孩子一样看待，老人也就不会对电视有过多的兴趣了。

当然我们先要和老人沟通，让他们明白孩子看电视的各种不利影响。老人都是爱孩子的，说清楚了，下面自然就好处理了。

我女儿的姥姥，非常爱看电视，客厅是她的"领地"。姥姥一开电视，孩子就爱跟着看，还特别喜欢看打仗的、色彩跳跃大的内容。针对这一情况，我处理的模式是：

姥姥是一个通情达理的人，但确实喜欢看电视，而我们又不能长时间陪着说话。说服老人少看电视，猜也知道效果不会理想。所以，我们和姥姥协商，要求在一些重要时间，如孩子吃饭时不看电视。姥姥痛快地答应了，也做得非常好。另外，如果我们和孩子在客厅里玩，姥姥就要到其他的房间去看电视。当我们转移了"阵地"，姥姥再回到客厅里看电视。

另外，最好提前和老人达成默契，告知老人哪些规则是孩子必须遵守的。当孩子受到父母管教时，或孩子有额外要求时，常会向老人求助，这就要求老人最好一同遵守约定，避免父母和祖辈间分歧的出现，不给孩子寻求漏洞的机会。需要注意的是，孩子闹起来，老人都会不自觉地让步，如果出现这样的情况，应当切记别当着孩子的面说老人不对。

所以，最好也是最累的方法是，老人看电视时，你和孩子到其他房间玩游戏、讲故事，或者是其他任何孩子特别感兴趣的事情，如玩拼装、做手工等。

当你和孩子真正玩起来的时候，这种吸引力会比电视大得多，孩子天性是对游戏最有兴趣。对于 6 岁以上的孩子，如果已经养成习惯，改起来会困难一点，但持之以恒一定会有效的。只是此时孩子对简单游戏的兴趣有所下降，家长需要通过更有"魅力"的东西来吸引孩子，比如科学实验等。对此，没有偷懒的办法，只能靠自己不断的努力。

另外，就算个别时候你强行把孩子从电视旁抱走，也没有特别大的问题。但问题是之后的处理：若这时你让孩子进行某种他不喜欢的"学习"，而不是玩游戏、讲故事，孩子会产生强烈反抗，你不仅没有达到你希望的结果，反而会使孩子更依恋电视。

场景 3　不完美才是好父亲

是人，都有七情六欲，也都有犯错误的时候。作为一个父亲，谁都希望自己是一个好爸爸。但你会在孩子面前，暴露出自己的弱点和不足吗？

1. 场景

你是一个父亲，某天因为一个无心的错误，结果被上司"痛骂"一顿。当你带着不愉悦的心情回家后，恰巧孩子刚失手打翻了一杯果汁。孩子看着你阴沉的脸，很识相地想躲开。此时，你会如何处理？

面对孩子这样的"错误"时，上来就指责是很不好的方式。特别是父亲自己先有情绪的时候，把由于自己不足而产生的不愉悦，去向孩子"发泄"。

2. 父亲是孩子的最佳模仿对象

在上面场景中，父亲最好的处理方式是先告诉孩子，自己情绪不好的原因是自己在工作中犯了错误所致，和孩子你没有任何关系。

如果父亲能把自己工作、生活中的错误坦诚告诉孩子，并通过自己的纠错行为示范给孩子，孩子就知道犯错后应该怎么去做。而父亲也要对自己的错误承担对应的责任，想办法弥补，并争取下次不犯类似的错误。

也许大家会担心，父亲这样做会丧失自己的尊严，但实际并不会的。

如果一个人在社会中，处处都表现得非常完美，那就显得高不可攀、不可企及了，也很难有人敢与之亲近。而当一个出众的人，有和你一样的小错误和小毛病的时候，你会觉得他更真实，也更容易认同对方。此时，这位"精英"身上的优点，对你来说就不再是遥不可及的，只要自己努力，我也可以做到。

其实，在家庭教育上，这个认识也是适用的：父亲的不完美并不妨碍他成为一个真正的好父亲！对于孩子来说，其模仿最多的就是父母。一般情况下，父亲敢于承认自己所犯的错误，孩子也会通过模仿而勇于承认自己问题的。

父亲，应该是家庭中最有力量和能力的人，几乎就是孩子的第一个偶像。在孩子的眼里，觉得父亲很伟大，是无所不能的。但随着孩子的日益长大，孩子也会发现父亲的一些不足之处。其实这反而是件好事，让孩子了解到人无完人，能加深孩子对自己和他人的了解，对未来的人际关系发展，会产生极其重要的影响。

另外，孩子成长是需要挫折教育的，但挫折教育并不简单是让孩子吃苦挨骂，更重要的是让孩子学习如何面对挫折。这里，父亲如何坦承自己的失败，以及如何面对失败，对孩子而言就是很好的"示范"作用。

3. 做一个不完美父亲

孩子的成长，其实就是一个不断试错的过程。当孩子遇到挫折和困难时，想起父亲也曾经有过类似的经历，自然会感觉到心理上的释放。

有一个不完美的父亲，对孩子来说，可以有如下的好处：

第一，孩子会放松许多。面对孩子眼前能力做不到的事，父亲如能坦承自己曾经也是如此，孩子内心就会释然很多。比如，幼儿阶段尿床、尿裤子是常见的，家长越想把这个"毛病"扳过来，孩子就越有压力，反而愈发无法控制，尿裤子现象会持续许久。要是孩子知道爸爸小时候也会尿裤子，甚至比自己还"能尿"，他自然就明白这是每个孩子长大的过程中，都会经历的正常事件，也就不会背负任何精神压力了。

第二，孩子懂得了犯错误并不可怕。当孩子知道父亲曾犯过和自己一样的错误，孩子就能更坦然的接受令人沮丧的结果。同时，现在父亲依然成为了一个值得尊敬的人，所以孩子会发现一时的错误并不可怕。如果父亲懂得不失时机地引导，孩子就会对父亲如何克服自己的错误，并努力改正的情况更感兴趣。

第三，孩子看到父亲能力不足，反而有超越的动力。一个父亲，不是超人，也有其能力不足的地方，但这并不妨碍父亲是一个正直的人。假设孩子看到父亲也曾有拼命努力却遭遇失败的经历时，以及父亲在不断通过学习来补充自己，就知道能力不足不是可耻的，学习可以弥补。

第四，孩子会敢于尝试和探索。孩子在学习过程中，其尝试和探索的结果，对家长而言，很可能是"破坏"和"错误"，或是好心办坏事。如果孩子面对的是追求完美的家长，很可能就担心自己做错而消极地回避。

第五，孩子会不怕失败。既然父亲能在不断的错误或能力不足中站起来，成为值得信赖的人，那孩子即使遇到失意和挫折，也不会气馁和沮丧，从而养成良好的坚韧意志。而一个讲求完美的父亲，会希望孩子像自己一样完美，难以忍受孩子有一丝一毫的差错，这等于对孩子提出了不符合其实际能力的要求。

第六，孩子有承认错误和不足的勇气。孩子敢不敢承认错误和能力不足，也是模仿父母和看父母态度的。一个正常的父亲，在生活中也避免不了犯错误和无能为力，如果父亲善于承认自己的不足，并避免下次再发生，孩子自然知道这不是丢人的事情，而是值得让人尊敬的。

第七，孩子会寻求独立。孩子并不需要完美无缺的家长，与有缺点的父亲相处，孩子才能无拘无束地成长。因为孩子会意识到自己的未来，不一定能指望上自己不完美的父亲，从而产生危机感。所以，这样家庭出来的孩子，知道面对困境，想成功就必须自己努力去克服一切困难。

第八，孩子不会有过强的中心感。一个正常的父亲，一般情况下会有意无意地忽视了孩子的一些要求。而孩子自然也就明白，谁也不会无条件地把一切都拱手相送，即使是自己的老爸，所以自己的要求得不到满足也是正常的。因此，孩子能保持一个良好的心态，能真正享受到成功的不容易和内在乐趣。

最后，我建议每个父亲都放松一点，不要过分表现完美。当你向孩子展示一个真实的爸爸，孩子也就更容易接纳他自己。当有一天孩子进入社会时，就能辨别许多容易混淆的事物，也就更容易面对真实的世界。

场景 4　天性爱与爸爸玩

游戏，是幼儿生活的主要内容，是孩子表达情绪、想法和行动的工具，幼儿的认知、学习、社会化过程多半都是通过游戏进行的。对孩子来说，生活中的任何事情都是游戏，这也是孩子学习的最佳方式，和培养良好性格与行为方式的最佳训练方法。同时，玩耍还可以对孩子的视觉、听觉、触觉、精细动作等进行训练，使孩子各方面的素质得到提升。

孩子是非常愿意和父亲一起游戏的。不知道大家注意到没有，妈妈一般是照顾孩子最多的人，可孩子一见到父亲，就会兴奋地扑过去。为此，不少妈妈还会"吃醋"。

所以，一个父亲再忙，也要抽出一点时间，陪孩子玩玩，这对孩子健康成长非常有益。

那为什么孩子会非常喜欢和父亲玩呢？说起来，这就是男女的差异，父亲所采取的玩耍方式充满了男性的力量感，花样繁多，新鲜刺激，充分满足了孩子的好奇心和愉悦感。而这些，往往是母亲所不擅长的。这不是说母亲不重要，只是孩子成长中的天性使然。

孩子喜欢和父亲玩耍，有下面的几种具体原因：

1）父亲喜爱玩力量型的游戏

男女在体质上有着本质的差别，男性更多的代表了力量。当父亲与孩子玩耍时，不知不觉中就喜欢与孩子玩一些力量型的游戏，比如喜欢把孩子举得高高的、转圈，甚至抛到空中再接着。这种玩耍非常符合孩子的好动、活泼的特点，孩子自然会玩得不亦乐乎。

2）父亲喜爱玩冒险型的游戏

喜好运动、冒险是男性的特点。当父亲与孩子玩耍时，大都喜欢带孩子进行各种运行型的玩耍，比如骑自行车、轮滑、滑板、骑马、球类、游泳等。这非常符合孩子以感知觉为主的认知方式，以及以运动、形象记忆为主的记忆方式，孩子当然会发自内心地喜欢。而母亲大都喜欢和孩子一起玩相对安静的游戏，如过家家、玩玩具、讲故事等。

3）父亲喜爱玩竞争性的游戏

喜欢竞争和讲究输赢，是男性的另一个特点。当父亲与孩子玩耍时，喜欢玩一些有输赢的活动，如打仗、捉迷藏、比赛等。通过这类游戏，在父亲故意示弱的"有输有赢"以后，孩子可从中获得高度的成功感，这对培养孩子的自信心和挫折教育有极大的帮助。而母亲大都较少强调输赢。

4）父亲喜爱玩智力型的游戏

男性为了显示自己的"聪明才智"，在相对安静地玩时，也往往喜欢一些含有逻辑思维的游戏，比如猜谜语、走迷宫、搭积木、拼图等。当父亲与孩子玩这类游戏时，虽然孩子不能玩得很好，但他们会用充满钦佩的眼神看着父亲，认为父亲是无所不能的。这对孩子的智力发展有很大帮助，也会增加孩子的学习兴趣。而母亲大多不善于玩这类游戏。

5）父亲喜爱玩不重复的游戏

喜新厌旧应该也是男性的一个性格特点，玩任何东西，父亲总喜欢玩出一些新花样来。当父亲与孩子玩以前玩过的游戏时，虽然游戏一样，但往往会发生出乎意料的玩法。比如与孩子玩积木，最后可能玩出"保龄球"来。这种故意破坏原有游戏规则，并建立新规则的玩法，对孩子想象力和创造性的发展有极大帮助。而母亲一般更喜欢循规蹈矩。

6）父亲喜爱玩尝试性的游戏

男性的胆子是比较大的，也是比较粗放和充满鼓励的。当父亲与孩子玩耍时，经常鼓励孩子做一些从来没有做过的事情，甚至是母亲不允许做的事情。比如爬树、抓虫子、踩泥坑等。这就让孩子能够按照自己的意愿去玩，尝试、体验自己的力量程度，敢于面对自己的弱点，让孩子的好奇心和挑战欲得到满足。

7）与父亲玩孩子更有安全感

男性一般都是以家庭的保护者角色出现的，承担着家庭安全的责任。如果一个游戏，有父亲的陪伴和参与，等于是和家庭中最有力量的人在一起，在无形中孩子就感到安全，这就使孩子可以放松地玩，自然就会玩得更尽兴、更快乐。同时，孩子也就挑战自己，敢于做出一些平时不敢做的动作。这是孩子与母亲在一起的时候，所不能体会的。

8）父亲在玩耍中更愿意放下架子

当与孩子玩耍的时候，孩子可能提出一些比较特殊的要求，比如玩打仗游戏，被打中的人要躺在地上装死，甚至还会要求你"死得很难看"。一般父亲就善于、也很乐意这样做，这时的父亲完全就像一个孩子。而想让母亲也像孩子一样，随便在地上躺着打滚，是绝大多数女士做不到的。所以，父亲这样做，轻松巧妙地就拉近了与孩子的距离，孩子会打心眼里认为父亲是一个真正的好玩伴。

9）父亲在孩子眼里是无所不能的

幼儿有强烈的探索欲望，而在生活中，父亲总能解决各种问题，像打开罐头瓶子、修理电脑、安装灯泡等。这使得父亲在孩子的心目中，是高大的、无所不能的，几乎没有什么事情能难得倒他们。这种神秘的"天性"力量，使孩子对"父亲"角色非常感兴趣，愿意与父亲亲密接触。同时和父亲在一起，孩子便会产生心理上的安全感，进而形成强烈的心理依恋。这也是无论玩什么，孩子都愿意和父亲在一起的原因。

当然，父亲应该引导不同年龄段的孩子，尽可能玩出适合他们的游戏，这样才能吸引孩子的兴趣，也有助于孩子思维能力和想象力的发展。同时，在与孩子玩的过程中，让孩子学会遵守规则、合理安排时间等，将有助于孩子理解、建立社会行为规则，会对孩子的成长产生至关重要的影响。

另外，研究结果也显示，与父亲相处时间较多的子女，日后会较为聪明，而且有机会比父亲有更高的社会成就。所以，如果你是一个父亲，想让自己的孩子真正超过自己，就在有限的时间内，哪怕是每天全身心地投入 15 分钟，与孩子尽情、变着花样的玩耍，既充分满足孩子的心理需求，又避免孩子产生不安全和被忽视的感觉。

也许有朋友说了，"我孩子就不喜欢和我玩"，如果真的有这种情况，我可以 100% 的确定，那不是孩子的问题。

场景 5 没有不会玩的父亲

前几天带着孩子出去玩。在玩的过程中，我观察到一个非常有趣的现象，值得和大家分享一下。

1. 场景

一般到周末，反而是我最累的时候！大清早就需要爬起来，收拾东西，准备早饭，然后开始外出。轻松的话，下午回来让孩子睡个晚午觉，晚的话，就直接吃完晚饭回来了。在这期间，需要不停地说话，回答一些对成人而言极其无聊的问题。同时，我还需要适当地做一些"出格"的事情，比如爬个树，淌个泥水、捞条鱼或蝌蚪，甚至把草坡当成滑梯滑下来。我想，许多朋友已经猜到我在做什么了，那就是陪孩子玩，虽然累点可也其乐融融。

这种情况，基本会发生在许多家庭中，要说这是非常好的亲子时间。可如果你很细心，就能观察到一个非常有趣的现象：在有孩子和父母出没的地方，经常看到有些父亲的无奈，脸上基本见不到快乐的表情！开始我还感觉奇怪，难道是孩子调皮，父亲不乐意了？

为此，我专门"跟踪"了几次，才发现这些父亲是"被游玩"

了！完全因为自己是"父亲"，不得已陪孩子"尽义务"。

看来，想知道一个父亲是否称职，观察其在带孩子玩耍时的态度，就可以得出结论了。一般来说，父亲本来就和孩子接触较少，孩子会非常珍惜这个时间，心中也充满了对父亲的期待。所以，一个好父亲，在与孩子玩的时候会忘掉生活和工作中的烦恼，发自内心地、投入地与孩子在一起。若你陪着孩子玩，可却心有旁骛或者闷闷不乐，孩子会察觉到你的情绪，他也不可能真正的享受。所以这样的陪孩子玩，还真不如不玩。

从另外一个角度看，很少有父亲不喜欢孩子的，和孩子玩也是开心的事情，可为什么还是会出现带孩子出去玩，而父亲却不开心的情况？这种情况的出现，是父亲没有用心和孩子交流，而这些父亲，往往还有一堆的"理由"。

2·父亲的借口

说到这了，我们就替这些苦着脸陪孩子玩的父亲，来找找"理由"吧，这也是很有趣的事情：

1）太忙，太累

"由于父亲工作较忙，比较累，所以在玩的时候，有一点心不在焉。"

这是一种高级的谎言，先说了一大堆事实，而后说托词。要说父亲确实是比较累的，累了就需要休息，休息的种类无外乎是睡觉、娱乐！和一个天真无邪的孩子一起玩，实际就是一种放松，也会让你忘记许多烦恼的。如果你不开心，不是你对孩子所玩的不感兴趣，就是父亲太长时间没有陪孩子玩，导致已经不会玩了；再或者，就是已经对这个家感到厌烦。

2）孩子玩的太弱智了，这种小孩子游戏真没意思

找这样理由的父亲，其实才真是弱智！孩子是需要从游戏中学习各种知识，如果孩子都和你一样，会打牌、会打球等，还要你这个父亲干什么？例如，你看着孩子玩沙子而不屑一顾，这说明你完全不懂儿童教育和不知道变通！别以为玩沙子玩不出花样来，堆沙雕、水坝、山洞、地道都是非常需要智慧的，就是简单地加一个吸铁石也能很吸引孩子，难道这些不都在教育孩子吗？

3）父亲说自己就不爱玩也不会玩

这是一个超级谎言，好像没有人是没有兴趣爱好的。既然你不会玩孩子的游戏，那你可以教孩子玩你喜欢的东西。孩子本来就需要引导，你根据自己的兴趣爱好和孩子一起玩，岂不是一举两得？比如，你喜欢足球，就带孩子去看比赛，喜欢读书就读给孩子听，喜欢钓鱼就和孩子一起钓。若你实在想不到玩什么，就不妨把自己的童心也挖掘出来，想想自己小时候曾经玩过的游戏。

4）自己想玩的孩子不能玩

对这种情况，有三种可能：一是你想玩的确实对孩子有一定的难度，需要较高的智力和逻辑，比如桥牌、填字。这多少情有可原，但也是可以让孩子旁观的；二是父亲不想自己受限制，比如参加朋友间喝茶聊天、聚会 K 歌等活动。成人可以有属于自己的时间，但经常把孩子扔在家里，自己出去作乐，就是对孩子不负责任的做法。三是自己也知道想玩什么，可确实不适合孩子，比如你喜欢看玩麻将、电子游戏、赌博。遇到这样的父亲，那我只好认输，孩子不和你亲近反而是好事！

5）父亲说不出"理由"

这是最可怕的一件事情！当一个男人不想和孩子玩又说不出"理由"，除了超级懒鬼以外，基本上都是对孩子和家庭失去兴趣，家庭对于他已经完全没有任何吸引力了。夫妻双方总是相互抱怨和责备的家庭，至少还有挽回的余地，因为起码还有在乎和牵挂；而即将破碎的家庭，往往是从无话可说开始的。

最后话说回来，虽然幼儿与父亲玩是非常有益的，但这也不意味着孩子随时要求和父亲玩，也不意味着父亲不能表示自己的不耐烦。父亲是社会的成员，也是一个普通的人，在承担家庭的主要责任后，许多时候就会有自己的情绪，包括负面的情绪。父亲自然地流露这些情绪，让孩子知道人无完人，也让孩子知道没有人对自己有100%的耐心和责任。

所以，如果父亲能在休闲时间和孩子一起玩，那就在玩时用心一点、开心一点吧，父亲和孩子要在一个快乐游戏的氛围中，一起笑，一起动脑筋想出更多更好的玩法，共同享受和交流中的乐趣，这样才能使父亲和孩子有心灵上的共通。

场景6 让孩子记住"妈妈的味道"

在孩子幼小的时候，对自己的母亲是极其依恋的。比如，哭闹中的婴儿，只要在妈妈的怀里，就能很快安静下来。而当母亲不在的时候，假若拿一件妈妈穿过的衣服包裹孩子，孩子也就会平静的多。这一切都是因为孩子闻到了"妈妈的味道"。可是，当孩子进入幼儿期和童年期以后，甚至是孩子成年后，他们还会记住"妈妈的味道"吗？

1. 场景

某天，你带着孩子去朋友家。你朋友为了款待你和孩子，做了一桌丰盛的美食，孩子看着这色香味俱全的饭菜，不由得对朋友家的孩子说："你真幸福呀，有这么好的妈妈给你做这么好吃的东西！"孩子为什么这样说？因为你在家很少下厨，不是保姆做就是奶奶或姥姥做，甚至是经常叫外卖或到外面吃。

2. 妈妈的味道

现在的 0—6 岁孩子的父母们，大部分是 70 后和 80 后。想来这批父母，在小时候过得可太"艰苦"了。在那个年代里，物质是非常匮乏的，别说超市卖场了，就连副食店里买米、买肉，都得要"票"。可是小孩子哪有不馋嘴的？所以，在物质生活水平普遍不高的岁月里，每一家的妈妈都会各显神通，不仅能用有限的材料做出每日的饭菜，更能心灵手巧的制作出一些特别的"美味"。

我的母亲也算是个中高手，虽然她不是大厨，但是她亲手烹饪的味道，似乎是天底下独一无二的，再好的厨师都没有办法复制。在我印象里，她能做出糖三角、豆沙包、炸排叉、糯米烧卖、黑芝麻汤圆、腌咸肉、灌香肠、花生粘、核桃酥……，说到这里，我都要流口水了，因为妈妈用了心做出来的美味，对孩子来说，是永远难以忘怀的"妈妈的味道"，是陪伴了我一生的幸福记忆。有"妈妈的味道"的地方，就一定是家。

3. 许多妈妈为何不下厨？

现在我认识的妈妈们，喜欢钻研厨艺的也有不少，其中还有不少是烘焙高手、面食高手、西餐高手等。可同时，我也发现了一个有意思的现象，那就是不论在全职妈妈中，还是职场妈妈中，都有很大一批妈妈，几乎从来不下厨房。难道全家人围坐一起，享受妈妈带有家庭气息的烹饪厨艺，以及一家人其乐融融的情景，竟然在这些家庭消失了？

先说两个全职妈妈的例子吧。

第一个妈妈，她的先生事业相当成功，家中的杂务自然无需她伸手，就连孩子也基本是由老人和保姆带大的。这位妈妈当然也很爱孩子，但表现的形式，就是大量的、昂贵的物质给予。她家里的伙食也自然很好，但大部分都出自于保姆的手艺，以及高级餐厅的外卖送餐。而这位妈妈觉得，比起满身油烟的张罗一桌子饭菜，还是衣着华丽优雅地陪伴先生出席各种场合，更符合先生对她的要求。

第二位全职妈妈，她的先生同样也有繁忙的工作和丰厚的收入。她家中"常备"一位住家保姆，和一个专门做饭的小时工。这位妈妈可是相当重视孩子的教育，从孩子出生，就给孩子报了世界著名的儿童早教中心，和各种昂贵的儿童益智娱乐课程。她每天也非常的繁忙，除了要花时间帮先生打理一些生意上的事务，还要开车带孩子四处去上课。一旦有空闲时间，还得去参加各种妈妈培训班，为孩子健康成长汲取最先进的教育理念。

我曾问过她，为什么要单独请一位小时工来做饭？她回答说，第一，全天保姆做的饭不好吃；第二，我自己没时间，也不会做饭。有一次小时工因家中有事回了老家两个月，那段日子里，她每天都是带着保姆陪孩子上课，然后找一家餐厅吃饭，再带孩子回家。

至于职场妈妈不下厨房的现象，恐怕更常见，也更容易理解。理由无非是：下班回来太晚、不会做饭、做饭不好吃孩子不喜欢等。而家里的孩子呢，也早已习惯了祖辈或是保姆的手艺。另外，职场妈妈忙碌了一周，到了周末还想着带孩子好好出去玩玩，或是要带孩子上某个兴趣班什么的，就更舍不得在厨房里"浪费"时间了。

上面说的这些妈妈，我相信都是深爱着孩子的。她们表达爱的形式，也不一定是错的。只不过，年幼的孩子要的并不是过多的物质，也不只是频繁的参加早教班来开发智力。很多妈妈之所以不下厨房，一来是嫌脏嫌累，二是觉得有很多其他的事情比进厨房要更重要，三是觉得妈妈做饭和孩子的成长没关系。

　　可是，全世界的文化中，全家人坐在一起享用自家的传统美食，都是特别被重视的。因为这是一个家庭团聚、交流感情的最佳时刻，甚至也是家庭文化和传统的体现。甚至美国还有统计数据表明，和家人围坐在同一张桌子边上吃饭的孩子会更加健康和快乐，他们的学习成绩也会更加出色。

1. 妈妈的味道，是孩子永远的温暖

　　吃，对于年幼的孩子来说，具有相当大的吸引力和诱惑。同时，这个时期的孩子还没有产生逻辑分析和判断，采用的是以具体感知觉为主的认知方式，和形象记忆为主的记忆方式。因此，凡是和"好吃的"相关的美妙体验，都会让孩子特别满足，并且印象深刻。相信和我一样念念不忘"妈妈牌"美味的人大有人在，我敢肯定，这些回忆一定都是美好的。

　　母亲对孩子的陪伴和关注，并不只局限于陪孩子就寝、游戏、讲故事、上课、出去玩。一个母亲在厨房中快乐并忙碌的身影，对孩子而言，是非常亲近和美丽的。母亲为孩子提供了对女性角色的认知，那么女儿会自然认为，女性为了家庭而忙碌，是正常的，也是值得享受和骄傲的；那么儿子未来也会倾向于找一位勤劳、善良、有家庭观念的妻子。

　　当家庭中父亲和母亲的特征被良好的示范，同时父亲和母亲都实现了自己的功能时，这个家庭的结构会非常稳固。而这个家庭里的孩子，一定会拥有更健康、完整的人格，并具有出类拔萃的潜质。

111

场景7　全职妈妈为何焦虑

现在许多妈妈为照顾孩子，辞去工作成了"全职妈妈"。全职妈妈生活状态，是不少有了孩子的女性的梦想，她们希望与孩子朝夕相处，陪伴孩子成长，一起享受孩子成长过程中的喜悦。这种做法，是比较符合现代儿童教育观点的，让孩子在 3 岁前，与父母建立良好的亲情关系，这不仅有助于孩子安全感的建立，也对孩子未来人格、智力、情商的成长有极大的帮助。

1. 场景

我有一个朋友，怀孕后就一直在家。孩子出生后，生活重心就完全随着孩子转，不是想着换着花样地给孩子做各种营养辅食，就是想着给孩子淘换什么新的图书或者玩具。某天，我和她打电话，还没有说两分钟，她马上说要带孩子出去晒太阳，现在没时间跟我聊天了。于是，她自己都感觉整天忙得"一塌糊涂"，都不知道时间怎么就过去了。

2. 全职妈妈会焦虑的原因

一个母亲如果心思全在孩子身上，问题也会由此出现。这些妈妈与职业妈妈相比，会不知不觉中有一点焦虑。有意思的是，这种内心的焦虑，许多全职妈妈自己却并没有意识到。因为许多焦虑的原因和现象不像一般情况那样，什么担心孩子吃饭、对孩子的期望值过高、互相攀比，或者遇到教育问题无所适从等，而是由于一些内在和外在的因素，导致自己心理的变化。

做全职妈妈时间长了，难免会厌倦当厨娘和清洁工的日子。每天为了孩子操心，尽心尽力照看好孩子的同时，尽管没有表达，但内心中时不时总会泛起一些抱怨和无奈。因为就算再有趣的事情，天天让你做，成百上千次地让你重复做，一定也会烦的。那是什么原因造成了这样的结果？我针对那些自己带孩子，而不是依赖老人或保姆的全职妈妈，简单归纳了一下，可能有如下六个原因：

第一，补偿心理

一些全职妈妈之所以回到家里，全心全意照顾孩子，不是因为自己小时候生活得不好，现在想给孩子最好的照顾，就是自己父母之间存在这样或那样的问题。为了避免孩子重蹈自己的覆辙，全职妈妈以对孩子的照顾为首要，做任何事情都特别地小心仔细，生怕在生活上、教育上做错什么，也怕委屈了自己的孩子。

第二，过着《摩登时代》那样的生活

全职妈妈的生活，由于照顾孩子的特殊性，几乎和《摩登时代》里面的卓别林一样，生活简单、重复、枯燥。你想，每天做高度重复、对成人而言几乎没有意义的事情，且一做就是多年，人要不烦才怪。要不是孩子还能带来一些快乐，这些全职妈妈有时还真不如上班轻松。而就算孩子睡觉了，自己还有许多家务活要做。

第三，完全没有自己的生活

全职妈妈在家里照顾孩子，那可是全方位的操心，不是忙着做辅食就是给孩子换尿布，有了空闲还要忙家务，几乎很少打扮自己，更谈不上看电影、单独与丈夫外出等久违的精神生活，其结果，必然成为一个"老妈子"。而最关键的是，很多全职妈妈完全放弃了自己的爱好和精神世界，整天只忙于照顾孩子和杂务。其实，妈妈有自己的兴趣爱好，既能让孩子从中受益，也能帮助你从精神层面稳固自己的家庭。这些都直接影响全职妈妈的心态。

第四，父亲的缺失

当全职妈妈在家里"披头散发"地照顾孩子时，丈夫却经常早出晚归，忙于工作，所以对家庭中与孩子有关的责任，父亲经常"缺席"！有些妈妈觉得自己不工作、不挣钱，唯一的任务就是照顾孩子，如果没把孩子养育好，就是"失职"，就愈发把照顾孩子的责任都揽到了自己身上。

正因为孩子的教育和养育都由妈妈包办了，所以父亲乐于做甩手掌柜，慢慢退出母子之间，成为看不见的影子，对孩子的教育基本不主动参与。当孩子出现问题时，全职妈妈会继续做孩子的服侍者和管理者，因为"孩子离了她不行"。此时，父亲就是想插入进来，也是非常困难的。

第五，与人交流少

全职妈妈在生活中，生活圈子变得很小。除了家里人，就是小区里其他带着孩子的妈妈邻居。而原来自己超级喜欢的商场血拼、闺蜜聚会，都渐渐越来越少，就是外出也大部分都带着孩子。有时就算自己有一点时间，可大家都在上班，也很难找到朋友一起玩。对于全职妈妈来说，等孩子睡踏实了，和朋友打打电话聊聊天，或上网逛逛论坛和网购，就已经算是消遣了。

第六，想要做到一百分

全职妈妈为了孩子放弃了自己的职业生涯，虽说是心甘情愿，但通常潜意识里都会希望，自己全心全意的付出，可以让自己的孩子比其他的孩子更优秀。正是因为自己花了大量的时间和心思，读了许多育儿书籍，吸收了更多的教育理念，加之自己的悉心陪伴，所以，自己的孩子"没理由"比别人差。再加上自己放弃了可能还不错的工作，连续几年不上班就"损失"了十几万甚至几十万，如果投入了这么大的机会成本，却没把孩子培养得出色，自己也会觉得"不值"。因此一旦观察到自己的孩子有不尽如人意的地方，就会觉得加倍的沮丧和挫败。这种追求满分的心态，不仅让自己变得敏感和焦虑，也会无形中给孩子压力。

3. 做全职妈妈心态最重要

作为全职妈妈，要学会在家庭环境中建立良好的心态。孩子对于妈妈来说固然很重要，但孩子并不是妈妈生活的主人，全职妈妈仍然应该有自己的生活。例如，每周一次，当有其他人可以照看孩子的时候，给自己"放个假"，不论是出去健身还是与朋友欢聚，都是放松自己、重新充电的好机会。

此外，即便在家里忙得"蓬头垢面"，出门的时候也应该装饰自己。每一个孩子都希望自己的妈妈是美丽的，而这对保持婚姻生活的新鲜感，也是必不可少的。这不仅使自己有一个好情绪，也让身边的家人感到愉悦，同时也为孩子的心理健康，提供了良好的环境和示范作用。

有些全职妈妈总是抱怨，自己原本有很多的兴趣爱好，但都因为孩子，自己完全被"拴住"了。这话有些道理，但如果你真的想要改变，总能想出办法。比如，有孩子之前你们都喜欢旅游，那么现在孩子刚刚两岁，既不能丢下孩子，又不能让孩子跟着大人舟车劳顿，怎么办呢？你可以尝试安排一次一家三口的海岛旅游，到了目的地就是躺在沙滩上晒太阳，和享用美味的海鲜大餐。而孩子，只需发给他一套沙滩玩具，就足以让他玩到天黑了！

如果全职妈妈的焦虑过度，孩子肯定会受影响，即使你在面对孩子的时候，认为自己一直克制自己的焦虑，但实际上还是会第一时间被孩子捕捉到。作为全职妈妈，要学会放松和接纳自己，要有自己的空间和生活。对你自己有信心，比对孩子有信心更有价值。

4.界线这件不起眼的大事

　　界线，是一种非限制的管教方针，其核心是让孩子自己约束、管理自己。界线不光是约束孩子可做什么、不可做什么，更多的是让孩子懂得自己行为的边界在哪，以及如何为自己负责。

　　建立了良好界线的孩子，能主动而愉快地遵守规则，不会对他人蛮横无理，但也不会允许别人侵犯自己。他们能够接受现实，不会因愿望未能实现而愤怒，也不会把自己应付的责任推给别人。但是，孩子不是天生就接受约束的，他们需要从外在的关系和服从纪律当中，将界线内化为己有。

场景1 立界线的十个原则

一些朋友对我说，自己的孩子调皮、任性，不是爱发脾气，就是蛮横固执。其实，这些有不少是孩子没有界线的表现，或是曾经给孩子立了界线，但在实际生活中无法实施和没有坚持，最终效果都不理想。

从教育的角度看，这可能是大家还没有完全掌握立界线的技巧，故此做了许多无用功。

通常，孩子2岁多就可以开始建立界线。界线，也可以说是一种管教方针，其核心是让孩子自己约束、管理自己。

给孩子立界线虽然不是一件简单的事，但也不是做不到的事：家长只要有心、愿意改变、愿意学习，再根据孩子的实际特点用对方法，是可以成功为孩子树立界线，培养出孩子的好品格。

1）大部分界线也是家长的界线

父母是孩子的第一任老师，孩子最善于模仿父母的各种行为。所以，除了一些保护孩子的界线外，如不许玩刀具以外，其他许多的界线同时也要约束自己。举例来说，你要求孩子饭前不吃零食，那你自己也别在饭前吃零食。

2）界线一定要具体

界线不具体，就难以操作和判断；界线越具体，就越容易见到效果。同时，具体界线应该是受教育目标指引的，而不是孤立的具体界线。举例来说，你要求孩子爱惜绘本，这条"界线"看似具体，但实际上并不是很具体，孩子不了解"爱惜"都包含什么方面。所以，你应该对孩子说："图画书不能乱扔、也不能踩，更不能撕。"

3）界线一定要可行

界线没有可行性，就超出孩子现有的可能水平，则立界线的目标就很难达到。当然，你可以把一个"大界线"分解为许多个"小界线"，来保证整体可行。举例来说，你要求孩子玩过玩具必须收拾好，这对大一点玩具还好说，但假如让孩子收拾盒装积木，要想把大大小小不同形状的积木都整齐地装进去，并不是一件简单事情，这可能就不是一些孩子能完成的了。

4）界线一定要积极

界线的有效执行在于目标是积极的，符合孩子客观需要。这条非常容易被家长忽视，但意义重大。若你为孩子定的界线目标是消极的，则孩子一定会"不经意"地违反或用哭闹来反抗。举例来说，孩子要吃冰激凌，你说晚饭吃得好就给，这样的界线目标就不积极，是家长依靠奖励来达到想要的目标。比较好的界线是，和孩子约定冰激凌每周某天可以吃，其他时间不能吃，并和吃饭等其他表现没有任何关系。

5）越线的惩罚一定要双方可接受

界线的越线惩罚规定，应事先由你和孩子共同商定，但最好你先给出几种选择。若有差异，可让孩子自己来修正，或由他们提出越线的惩罚办法，并经过你的同意。举例来说，孩子随地乱扔绘本，你给出几个处罚办法：该书没收三天、此书送给其他小朋友、今天晚上少讲一个故事等，让孩子选择并最后确定下来。

6）界线一定要符合儿童心理

每个阶段的孩子在心理上都有不同的特点。如 3 岁孩子在道德方面，判断的依据是看行为的物质结果，与成人的道德观念相差极远。这个阶段强调自我，符合自己需要的行为就是正确的。举例来说，你要求不到 3 岁的孩子做到不抢玩具，这基本无法实现，他们会先抢再说，因为得到了玩具的"实惠"，这就是"正确"的。

7）界线一定要可以评估

界线无法评估，就不能称其为界线。及时评估有助于看到孩子的进步，鼓舞其信心，并发现不足和及时调整界线。举例来说，你要求孩子每天好好刷牙，这就不好评估。"好"，每个人的观点不同，很可能孩子认为是好好刷了，而你认为没有好好刷。你不如要求孩子刷牙上面刷 10 次，下面刷 10 次等一系列动作要求，这才是可评估孩子是否"好好"刷牙的办法。

8）界线一定要多层次统一

界线可以是多层次的，既有眼前界线，又有长远界线；既有特殊界线，又有一般界线；既有局部界线，又有整体界线。所以，有效的界线应该是多层次协调的统一。举例来说，你要求 3 岁孩子不能玩真实刀具，但 4 岁孩子就可以玩真实的黄油刀，5 岁以上就可以教怎么使用普通刀具了。

9）执行界线时别唠叨

如果你经常对孩子的行为有要求，但同时又不断地提醒、唠叨，虽然绝大多数时候，孩子会"乖乖"地听从，但由于不是基于孩子内心自发性的驱使，所以当你不在孩子身边时，孩子就会变成另外的样子。每天在孩子耳朵边上"絮叨"，往往会激起孩子的反感，同时，也让界线变得不严肃。所以，更好还是由家长以身作则，通过孩子的模仿，来达到你希望的目标。

10）执行界线时需要有耐心

耐心是指你要求孩子养成遵守界线的习惯时，你不能急躁、冲动，孩子未做到就打骂、责备，最重要的还是要坚持。对这个阶段的孩子来说，家长不要对孩子的自律性期望太高，孩子反复"越线"是很正常的现象，是想尝试家长的底线，家长要保持平常心。总体上就是要做到"温和而坚持"，坚持的力量远比打骂、训斥要有效的多。

一般来讲，孩子会观察父母的言行，观察父母如何对待他们、对待配偶、对待工作，然后不分好坏，照单全收地模仿你。只要孩子在家中能够适应界线、遵守界线，那么到了家庭以外的世界，他们同样也能继续持守界线。

当然，立界线，要根据你的孩子实际情况来定，但总的原则是：从大目标着眼，从小目标着手，在长期目标指导下的短期目标更有深远的意义。

最后，顺便说一下，界线的目标主要是针对孩子的习惯和行为，不能针对孩子的学习。比如，家长可以要求孩子饭前要洗手，但不能要求孩子每天背会一首唐诗。因为学习是体现一个综合能力的，和孩子的智力、情绪、记忆策略、学习方法都有关系，在成绩上也不能简单通过"界线"进行衡量和约束。

场景 2 立界线宁小毋大

对于给孩子立界线，总有父母希望看到具体的操作方法。其实，在儿童教育中，家长需要因材施教，同时要根据当时的情境随时调整策略。否则不仅没有效果，还会起到相反的作用。

1. 一个真实的例子

在说具体方法之前，我不知道大家是否知道这样一件事：2004年以前的新加坡，你肯定是买不到口香糖的。为什么？因为新加坡从 1992 年开始，严禁进口和出售口香糖！

1992 年以前，新加坡和许多城市一样，饱受口香糖"摧残"。随意被人吐出的口香糖不仅给环境造成污染，还增加了清扫工作难度。更有甚者，还有人用口香糖堵住地铁车门的开关孔，导致地铁停运数小时。于是，时任新加坡总理李光耀先是比较温和地要求市民自觉维护城市卫生和公共设施，如果一周之后，还是没有改变的话，政府将出台相关的严厉限制法令。

新加坡人初听到这些，都认为这不过是政府做做样子而已，大家还是照吃照吐。但谁也没有想到，在大家都不以为然时，李光耀下令在新加坡境内全面实施禁止生产、进口和销售口香糖的严厉法令。对于走私口香糖，将被处以一年的监禁和最高达一万美元罚款。所以一夜之间，口香糖就在新加坡国土上彻底消失了。

新加坡政府向来是有令必行的，尽管这一严苛的法令遭到西方舆论的批评和嘲笑，但新加坡政府却初衷不改。得益于此，新加坡成为一个举世闻名的卫生清洁的城市国家，而每一位新加坡国民，也都对此深感荣耀。

2. 如何从小事立界线

孩子在其成长的过程中，一定会有"不良"的行为出现。可孩子在自然发展的过程中，必须要学会遵守规则，而这种习惯的养成，除了你的示范作用以外，更多的是靠"界线"来完成的了。

第一，在孩子立界线的过程中，必须有良好的亲情联结，这是非常重要的，也是立界线的基础。

第二，立界线一定要从小事入手，越具体越好，但这种"小事"又不是特别让孩子关注的，且孩子是一定能做到。比如，你上来就定吃糖的界线，可能就不好，因为孩子不容易控制自己。但你要求吃饭前洗手，这是孩子较容易做到的。

第三，执行界线，一定要有缓冲期，让孩子有一个适应的过程。

第四，最初的界线，不要制订对应的"惩罚"，如果孩子违反，你就温和而坚持地说"不可以"。

第五，如果你宣布了界线，就一定要执行到底，同时也要约束自己。这在第一次发生越线行为时，是非常重要的！如果一旦破例，后面界线的建立，将会越来越难。

第六，界线虽然不是一成不变的，但不能在后期把前期的界线否定。否则孩子会非常清楚，你不是有令必行的，你有很大的"协调"空间，也给孩子提供了"钻空子"的可能。

3. 游戏也是训练方法

另外，家长可以通过各种游戏确立界线，使孩子明白自己应该怎么做。重要的是游戏过程，不要太关注结果。通过游戏，孩子能很快地明白界线，在遵守游戏规则的同时，孩子会模仿性、创造性地参与成人的社会生活。

游戏时幼儿学习的重要方式，在方式上也很容易被孩子接受。比如孩子饭前总忘记洗手，我说 3 个简单的游戏方法，家长可以根据孩子的实际情况充分发挥：

1）拟人法：利用孩子认为所有物质都是有生命的看法，孩子没有洗手，你就"怪里怪气"地说自己是细菌、害虫，要钻到孩子肚子里面；

2）比赛法：饭前集体玩一个洗手比赛，看谁先认真洗完；

3）过家家：邀请各种动物玩具来开生日 Party，规定不洗手就没有蛋糕吃，可以让孩子替这些动物玩具洗手。

场景 3　界线不是限制孩子自由

　　为人父母，就是在协助创造孩子的未来。如果在 3 岁左右这个关键时期，帮助孩子确立了界线，那你在未来就会省心许多。现在许多父母在教育孩子上，总有力不从心的感觉甚至受挫感。究其原因，很多都是未能给孩子建立界线有关。

　　一般情况下，3—4 岁的儿童会出现第一反抗期，在这个阶段，对父母的反抗是正常现象。孩子会要求独立自主，主要在于争取自我主张，以及活动和行为的自主性、自由权。从实际观察上看，经过反抗期的幼儿，长大后自主性强，而未经过的，未来会缺乏自主性和主动性。

　　给孩子立界线，不是要"教育"孩子去做什么事情，也不是什么事情都要对孩子进行界线约束的。孩子也不需要只会谈"界线"的父母，而是需要自己就遵守界线的父母。所以，孩子不是天生接受规范约束的，他们需要从外在的关系和服从纪律当中，将界线内化为己有。

　　为了大家明白，这里举 3 个小例子。看父母怎么做，才是比较有界线的：

1. 父母可能没有界线

场景：有一天上午 9 点，孩子在玩玩具，你准备带孩子去他最喜欢去的地方（如动物园），说好 10 点钟出发，但是要求他出门之前把满地的玩具收拾好。可到了 9：55，孩子还在玩，你会怎么说和怎么处理？

我想，很多父母可能会一边催促、一边帮忙收拾，或干脆自己收拾了，然后按照计划出行。这是父母没有界线的典型表现，既然你提出了要求，最后又不执行，孩子明白了许多事情可以说了不算。以后你再对他提出其他要求，就该头痛了。父母没有界线，而让孩子遵守界线，是很难实现的。

在正确处理方式上，家长首先要考虑孩子当时的状态。假如孩子此时玩玩具非常享受，那在征询孩子同意后，可以直接放弃出游的计划，陪孩子一起玩。陪孩子玩，看重的是过程，玩什么、怎么玩，都是方式和手段而已。当孩子专注一件事情时，千万不要随意打断。否则长此以往，孩子的学习专注力将被极大破坏。当孩子进入以学习为主导的儿童期后，学习成绩必然会受影响。

如果孩子还是想出去，此时针对 2—4 岁和 4—7 岁孩子，处理方式就不一样了。理论上，对 0—3 岁孩子，一般不要提这样的要求。而对 3 岁以上的，说了就要做到。其核心是父母说话算数，且会按照事先约定进行处理。

所以，对 3—4 岁半的孩子，提前 10 分钟问他要不要帮忙，提示不收拾完不会出去玩。孩子着急想要出门的时候要坚持这一条件，但可以同意帮他一起收拾。对 4 岁半以上的孩子，提前提示时间并告知了不收拾玩具的后果之后，若孩子未按时收拾好，那就正式宣布出游的计划取消。同时告诉孩子："这次不能带你去了，等下次吧。"

2. 可能过分限制的界线

场景：初秋，孩子穿了一身新衣服出去，见到马路上有一个脏水洼，立刻想要进去踩着玩，你会怎么说和怎么处理？

此时，恐怕很多父母都会阻止孩子，告诉他这样做会把新衣服弄脏。孩子的天性是玩，没有什么新旧衣服的概念。所以，本场景不能算是界线的问题，直接"阻止"的方式也不恰当。

我个人认为，如果离家近，就让孩子随便地踩，衣服脏了，回家洗就是；若比较远，且没有带备用衣服，则提示不能把水弄到身上，否则就不能玩。短时间的淋雨和衣服湿了，对孩子的健康没什么影响，只要及时换衣服就可以。我女儿有一件非常开心的事是，一下雨就让我陪她到雨中和积水中玩。

对孩子，要分清什么事禁止、什么事允许、什么事鼓励做，但不要以成人的标准来衡量。干净与脏，对幼儿而言，根本没有概念。所以，我们只对孩子关乎人格发展、良好习惯、危害孩子生命和健康的行为设界线，其他的不宜过多禁止。像衣服脏了这种事情，等到童年期，孩子自己就会明白的，也会比较注意了。

3. 强制的界线

场景：孩子看见墙上的插座，拿东西去捅，你会怎么说和怎么处理？

对于这点，大多数父母都会正确处理，那就是立刻制止，并告诉孩子插座里有电，不能捅，否则会电到自己，后果会很严重。

对于可能危害孩子生命、会对身体有伤害的事情，一定要明令禁止，但态度上不必大呼小叫，语气平和、坚持即可。对 2 岁以下的孩子，需要采用被动保护的方式，直接把孩子可能摸到的危险物品移开或干脆封闭起来。对 6 岁以上，可以教其正确使用插座的方法。

通过上面三个例子，大家应该明白了什么情况下要设立界线。但是，若对孩子事事设立界线，那界线就已不再是界线了。事无巨细、过于严厉的约束，实际上和控制孩子没什么区别。孩子生活在到处画满了"红叉叉"的世界里，自主欲望受到压制，不是想方设法地反抗，就是失去了自主意识，和自我发展的机会。

场景 4 孩子都是"夺权高手"

有一句俗话叫"三岁看老",这也是说看孩子三岁时,有没有建立界线。有界线的孩子长大了以后,不仅能做到持守规则,更能够为自己的一生负责。

我们现在经常看到"啃老族"的例子,其中有一个例子让我非常感慨:一个 27 岁的小伙子,因为自己恋爱总是失败,所以把问题都归结于父母"太没用",不仅没权没势,连给儿子结婚的房子都买不起。而那老两口呢,居然也埋怨自己没本事,害得儿子娶不到媳妇,都退休了还想要出去打份零工给儿子攒钱。

大家看了这个例子,恐怕都会讨伐这个不孝的儿子。可是我们有没有想过,究竟是谁,让这个儿子养成了唯我独尊的习气?又是谁,不断地把所有责任背到自己身上,却没有让孩子学会自我负责?说到底,问题的根源还是在父母身上,这对老两口自己就没有界线,也从不敢对自己的孩子说"不"!

实际上,这就是孩子发起的一场争权战争,战场上是赢家说了算。

1. 生活中常见的场景

为了更好地说明，我列举几个生活中经常出现的真实案例，大家可以看一下，到底是谁导致情况的持续发生：

例1：孩子和你到商场，看见某件东西，非要不可，不给就大哭，而且打滚、打人。你无奈地说："你这孩子怎么这么不听话！"

例2：孩子在外面抢东西、打人，你让孩子道歉，但孩子根本不理会你，为了息事宁人，你会自嘲地说："我家孩子就是太调皮。"

例3：孩子吃饭时，把最好吃的菜拼命往自己碗里夹，你边把盘子放的离孩子近些，边讨好地说："你这臭小子，也不知道给爸爸妈妈留一点！"

例4：孩子吃饭时间贪玩，你说"现在不吃晚上就没有了"，到了晚上孩子喊饿，你说了没饭吃，可孩子继续哭闹，没办法，最后你又给了食物。

例5：带孩子去餐厅吃饭，孩子在餐厅里面大喊大叫，或是把餐具乱扔。面对服务员和其他客人的白眼，你会不以为然的说："这么大的小男孩都淘气"；或是自己给自己找台阶下："这孩子一大，我都管不住了"。

这样的例子可以举出无数。在孩子成长过程中，所有"非正常"表现的背后，都有其形成的根源。家长应该注意观察，并根据孩子的表现来反思自己是否对孩子缺乏约束。

对于孩子合理的要求，父母可以主动地尽量满足；而不合理的要求，父母则要"温和而坚持"地不答应。刚开始孩子也许会试图挑战这一边界，但若父母总能坚持既定的规则，那么孩子就明白挑战是徒劳的，而渐渐地习惯遵守界线。

2. 为什么不敢对孩子说不?

现在问题就出来了，既然许多家长都知道正确的方法，可为什么父母不敢对自己孩子说"不"?

产生这样的问题，很大原因是父母的溺爱和纵容。小孩子都很机灵，会充分利用哭闹作为武器，甚至是采用打人、打滚、"绝食"等"旁门左道"方法，非常聪明地"要挟、控制"家长! 父母在"舍不得"情结和想"偷懒"解决烦人哭闹的情况下，心甘情愿地被迫妥协和屈从，实际上"辈分"也比孩子低了。

父母在家庭中没有位阶、自甘降级，就直接导致父母不可能有界线了，对孩子而言就是纵容。在儿童教育中，非常避讳的是位阶倒错，即父母没有父母的威信，就等于自己没有界线。就算你公布了规则，孩子也不会遵从，这使得孩子根本无视界线。所以，父母没有正确的对待孩子的第一次过分要求，孩子就会经常地使用这一"制胜"的法宝。当孩子屡试不爽，并养成习惯，想改就很困难了。

所以，当孩子发起了一场争"权"战争，父母是没有理由退缩的。如果父母被"爱"蒙住了眼睛，不敢或不知道怎么对无理取闹的孩子说"不"，这场战争的输赢就基本已定。

因此，对3—5岁的孩子说"不"是非常重要的。因为此时孩子对"不"的反应，最多是哭闹、赖皮。若进入童年期，则就不会这样简单了。

场景 5   4 岁孩子学会赊账

你能相信一个 4 岁的男孩，竟然为吃冰激凌而学会赊账？

1. 场景

那天，和一个朋友聊天，她郁闷地说她快 4 岁的儿子，为了吃冰激凌，居然在所住楼下的小卖部赊账！要不是店老板问她要钱，她还不知道这个事情。回家仔细一问，这种情形已发生过多次，且孩子的爷爷奶奶已经"还债"多次。她回家训斥了儿子一顿，孩子立即大哭大闹，还在地上打滚。我的这个朋友很无奈，所以想来听听我的建议。

我问她家里面有没有冰激凌？她回答说，孩子爸爸就喜欢吃冷饮，因此冰箱里常备着一些。爸爸吃完饭后，总喜欢拿一根冰激凌出来吃。孩子回家后，也常自己打开冰箱取着吃，家里也没有特别限制。后来孩子经常不知原因地腹泻、发烧，医生说这是孩子的脾胃不好，跟多吃冰冷东西有很大关系。

所以，家里就没有再买，可孩子从幼儿园回来后就要吃，不给就闹，还不吃饭。于是，为了不让孩子多吃，也只好临时去买一根。

结果没有想到，这孩子自己跑到楼下的小卖部，拿了冰激凌就走，还主动告诉老板先记账，家长会给钱的。

我问她为何不直接对孩子说"因为你的身体不能多吃冰激凌"？她回答说，曾经说过，孩子根本不听，而且还会哭闹。我问孩子哭闹的时候，为什么不能坚定地说"不"？我朋友说："你不知道，她闹起来真的很烦，而且还真的倔得不吃饭，有一次因为闹得厉害，还上火了。我怕孩子真的饿出问题或闹出病了，最后只能妥协。"

不知道大家对此有什么样的感觉？其实，这是典型的家长无界线的例子，这位妈妈在教育孩子方面，是一个无原则、不敢对孩子说"不"的人！而她的儿子，则是充分利用哭闹作为武器，甚至是用上了"苦肉计"，非常聪明地"要挟、控制"家长！

2. 案例中出现的问题

认真分析这个小案例，我们从中可以发现许多的问题：

第一，父母没有以身作则。

孩子的爸爸自己就非常喜欢吃冷饮，且常当着孩子的面吃。你想，家长天天吃着"香甜诱人"的冰激凌，孩子不喜欢才怪！你吃却不让孩子吃，确实很"残忍"，也容易引发孩子质疑，为什么我就不能吃？

第二，父母要对一些隐性危险进行掌控。

当小孩子玩切菜刀时，为什么所有家长都会严厉制止？是不是大家都感觉到这是非常危险的？按照这样逻辑，那我们为什么不在成人的一些认知范围内，坚持做一些保证孩子身体健康和安全的事？比如冷饮，无论中医还是西医，都反对过多进食，而对一些身体欠佳的人，有可能还需要禁食生冷。而对肠胃不好的孩子，在孩子不能控制自己的欲望之前，父母有责任限制孩子多吃冷饮。所以，多吃冷饮和玩刀一样，都是对幼儿有危害的。

由于认知的问题，孩子不能真正理解你说的"吃多了凉的东西就容易生病"，这个因果关系对于幼儿来说，是很难明白的。所以，父母应当像控制玩火一样，有权力也有责任保证孩子的健康，明确告诉孩子不能吃冷饮就是不能吃。当孩子哭闹时，如果父母顶不住压力妥协了，界线就被打破，也就不再是界线了。

第三，父母不要等问题恶化了，才想到控制。

孩子的学习能力是非常强的，就像我朋友的儿子，才4岁，就已经过度"社会化"了。也许是跟小区的其他孩子学的，竟然知道可以通过赊账方式来满足自己的愿望。对于一个不能自我控制的孩子来说，这是非常危险的事情。而造成这样的原因，就是父母建立界线无方，并且对孩子坏习惯的恶果还没有察觉，不断地放任孩子，致使问题恶化了。

3. 无界线的应对

回到这个例子上来，当我被问到应该怎么办的时候，我的意见是，孩子现在还小，还有机会纠正，只是你必须自己先做到有原则。对3—5岁的孩子，有原则地说"不"是非常重要的。此时孩子的反应最多是哭闹。可一旦孩子进入到童年期，就不会这么"好对付"了，那时你再想管教孩子，恐怕也会力不从心。亡羊补牢，犹未晚矣。

在具体的操作上，我建议朋友应该这样做：

首先，父母做好示范作用。

孩子的爸爸很爱吃冰激凌，其实不是好习惯，对他的身体也不好。所以爸爸应下定决心少吃冰激凌，如每周只吃一次，并且和孩子一起吃。这种父母的带头作用，让孩子感觉到，父母所做的一切规定，并不是针对或孤立他。另外，如果父母背着孩子"偷吃"，不让孩子见到也就罢了，若孩子见到，可能会立刻前功尽弃。

其次，控制要适度。

其实对大多数孩子而言，在暑期经常吃一点冰激凌，也不是不可以，除非是医生建议忌口的。但如果孩子因为吃冰激凌影响了吃饭，或由于体质问题不宜吃过多生冷食品的话，则父母就需要对孩子"温和而坚持"地说"不行"。

对我朋友而言，需要和孩子一起讨论吃冰激凌的规则，规则越具体，就越容易取得孩子的理解。在这个过程中，还要充分给予孩子参与决策的机会。比如约定只有夏天才可以吃，每周只能吃一次，吃的时间共同商量。至于吃哪种冰激凌，可由孩子决定。这样在适当范围内让孩子自主选择，也是在严格的制度中，保留"人性化"的弹性尺度。当然，如果和孩子能一起吃冷饮，也是一种非常好的分享教育。

第三，赊账必须严厉制止。

赊账这种先斩后奏的方式，对于孩子来说，最大的好处就是马上实现了"既得利益"。同时，4 岁的孩子已经发现，就算家长不让自己吃冰激凌，可绝对不会不给小卖部还账。这种赊账的办法，是非常有效的要挟父母的手段。如果这种情况不能被禁止，那么将来，聪明的孩子恐怕还会给你更多"惊喜"。

　　长此以往，父母的纵容成了变相鼓励孩子为了达到目的而不择手段，这是非常很危险的，不被界线约束的孩子不知道还会做出什么出格事情来。

　　当然，在解决赊账问题中，家长要和孩子有较好的亲子关系，与孩子共情，才能让孩子会更愿意合作。而对孩子的额外要求和哭闹，一定要"温和而坚持"地把握约定的原则。

　　回到本例，对于孩子已经会赊账，你需要和孩子说明这是错误的，若再有类似行为，将失去听故事、出去玩等权利。同时通知小卖部和爷爷奶奶，以后再发生类似情况将不会为此付账。

4. 立界线别忽略祖辈死角

　　相信很多家庭中，都会出现孩子利用祖辈的宠爱，和父母唱对台戏的情况。就像本例中的老人，一而再、再而三的为孙子赊账的行为买单。一边是需要管教的孩子，另一边又是需要安抚的老人，尤其当其中又掺杂了婆媳关系的时候，处理起来确实很棘手。

　　当祖辈和孩子的父母在教育观念上发生了巨大的差异时，要先以沟通为主。以本例来说，父母应该严肃、明确地向祖辈指出，这样纵容孩子的后果，会让孩子无视界线，还等于是怂恿孩子钻空子。而孩子的行为不仅不代表"聪明"，还会造成孩子的品行问题，以后孩子越大就越难管教。

　　假设老人真的比较固执，仍然不认同也不听从孩子父母的意见，家庭矛盾反而还有越演越烈的趋势，那么就看看能否和老人分开居住。这样可以保证家庭中的管教得以贯彻，同时，也避免了矛盾进一步深化的可能。

　　最后，对于本案例，还有一点小小的提醒。孩子有时是比较健忘的，特别是孩子已适应了界线约束，也不会再提类似要求时，他们很可能会忘掉自己原本拥有的"权益"。例如，某个星期，孩子还没有吃过冰激凌，而他自己早把这件事忘了，此时你反而需要提醒孩子，并兑现承诺。家长做到了"童叟无欺"，这不仅是为了保持你的诚信，使下次你和孩子约定类似要求时，孩子能很快答应，同时也可以使孩子进一步保持对你的信任，增加安全感。

场景 6　先别急着答应孩子养狗

孩子都是喜欢小动物的，本来这是好事，可家长处理不好就成为坏事了。

1. 场景

那年大年初二，我去一个朋友家拜年，进门就发现客厅的阳台上多了一个大笼子，里面有一只金毛寻回犬的小狗。小狗的身形比例完美，爪子粗大，明显血统很纯，看样子是花了大价钱。我这朋友也算是个"成功人士"，家里一水儿的进口名贵家具，还收藏了不少价格不菲的艺术品。他家平日里非常讲究干净整洁，忽然养了条大狗，完全不是他的风格。

于是我好奇地问怎么想起养狗了，他说他也不想养，只是刚上初中的儿子非要养不可。孩子最喜欢金毛，求了他无数次，最后被磨得没有办法，当爸爸的就勉为其难地答应了。可是，怕狗把家里的名贵家具咬坏，也怕狗把值钱的藏品打翻，只好把狗关在笼子里，不允许它在家里随便溜达。

当时，以我对这个家庭的了解，和他儿子日常的表现，心里就嘀咕：完了，这狗毁了！

后来，我再次到这个朋友家里，没想到还真验证了我这张"乌鸦嘴"：这条金毛已经是成犬，但依旧被关在笼子里，看到客人来了，急得呜呜地带着哭腔直叫。狗的身上骨瘦如柴，毛色没有光泽，背部还脱落了一些毛，真是可惜！

我忙问狗怎么会变成这样？朋友说：他儿子新鲜了 3 天，现在过了热乎劲，已经不再喜欢这条狗了。平时孩子根本不照顾它，既不遛狗，也不陪伴它。狗"放风"时还在家里到处大小便，太烦人了。现在遛狗和喂饭都是保姆在做，可是保姆天生怕狗，每次遛狗都是遛几分钟应付了事。这不，已经定好把这狗送人了。最后我的朋友还直惋惜，这狗有多纯，花了他多少钱，买的时候还有证书呢……。

我心里真是哭笑不得，这哥们没有想到自己在教育上的失败，却还惦记着买狗的钱。我有一点埋怨地说，既然孩子不肯负责任，你当初为什么要答应？朋友回答，孩子做了无数的保证，也求了 N 次，是不得以而为之。

至此，我真是无话可说了。一个没有原则的父亲，加上一个不负责任的孩子，完全没有认识到狗也是一条生命。也亏我这个朋友还住在北京顶级的小区，自己也是一个有所作为的人。这不能不说是他教育的失败，也让人替这只纯种金毛犬感到惋惜。

2·养狗不是一件简单事情

让孩子养狗，本来是很好的事情。狗是很聪明和非常通人性的，也很有感应和灵性，是人类的好朋友和好帮手。狗很敏感地知道谁对它好，谁不喜欢它。孩子生活中有动物的陪伴，可培养孩子对人、生命以及对世界的爱，满足孩子好奇心和爱心，还可以通过与狗的亲密接触，排解孩子的情绪。当然，孩子如能养成每天照顾狗的良好习惯，对培养责任心，锻炼孩子的自立和动手能力，有极大的帮助。

孩子想要养狗，其背后可能有多种原因。比如是出于爱心和喜爱，这反映出孩子纯真的思想与善良的心。此时你说出养狗的种种不便，也是无用的。从其他方面来讲，孩子想养狗，也可能是出于寂寞、空虚，或是孩子之间的攀比，甚至仅是为了吸引家长的注意力。

但是，养过狗的人都知道，养狗是很累人的，也需要负很大的责任，而且是长达十几年的责任！当你的孩子说喜欢狗，缠着你要养狗时，家长自己有没有明确界线？有没有让孩子意识到：养狗是一件不容易的事情，不能只是一时冲动，这需要孩子你付出爱心、耐心、责任心。做不到，就别害了狗，你一生可以有很多只狗，可它们一辈子只有你一个主人。

我知道有一些家长，自己不喜欢狗，甚至是怕狗。所以，当孩子来求自己时，总是会"断然拒绝"，但这样也会失去对孩子的良好教育机会。而孩子在被拒绝后，并没有得到更深刻的思考和认识，反而还会产生一些"怨恨"。

比如，你对孩子说"不能养狗，我养你就够累的了"，或"等你长大了，才有资格去养"等，这些说法都不恰当，并且还有可能让孩子想偏了。若你真怕狗，还不如老老实实和孩子说清楚，承认自己的"缺陷"和胆小，而不要出于面子找其他借口。

所以，不管你是否喜欢狗，或者是否主张让孩子养狗，但在孩子 N 次请求后，你应和孩子好好地谈一下。首先要了解孩子为什么要养狗，要先肯定孩子，养狗很好，很有爱心，再跟孩子说说养狗的难处。

谈话的重点，家长可以参考以下几点，这不仅是为了你和孩子着想，也是我作为一个养狗的人，出于对狗的保护：

● 你要养狗的真实原因是什么？是因为同学养了你也要养狗，还是因为一时喜欢？

● 你想要养什么品种的狗？为什么？有没有想过这种狗是否适合在城市里饲养？

● 你还有其他的兴趣，例如轮滑或者吉他，养狗可能会造成时间、精力上的冲突；

● 养狗会影响现有的学习和生活规律，除非你能够更合理地安排自己作息时间；

● 狗粮钱需要你自己出，或要减少你的零花钱（包括买玩具的钱）；

● 每天回家后必须要承担定时、定量地喂食、添水的责任，并养成习惯；

● 每天都要遛狗，适当的运动和玩耍会让狗的身体更健康；

● 狗屎要你自己去捡，特别是遛狗时；

● 对待狗不能粗暴，例如出于好奇大力拉扯狗的尾巴和耳朵等；

● 狗不会说话，也不是你的出气筒。你绝对不许欺负狗，也不能在不顺心的时候踢打或伤害狗；

- 幼犬的天性之一是喜欢咬东西，所以要经常收好自己东西；

- 狗不是天生就会上厕所，是要训练的，否则狗会随地大小便，甚至在你床上大小便；

- 小狗如果不调教，会损坏东西，你需要耐心地教它直到它学会遵守规则；

- 如果狗生病时，你不能好好照顾他，小狗会很可怜，甚至会送命；

- 要定期给狗注射疫苗和清洁、洗澡，如果不卫生，狗也会传染一些疾病；

- 狗还需要必要的训练，如坐、握手、等待、叼取食物、接物品等；

- 在你没有完全掌握狗的习性和脾气之前，可能会伤害到自己；

- 再温和乖巧的犬种，也需要主人细心的照顾和耐心的调教，缺乏管教和关爱的狗会给你找麻烦，比如扑人、咬人、狂吠；

- 你上学的时候，没人陪小狗玩，它会很难过；

- 狗来我们家，就是非常重要的成员之一，你就是狗可以依赖的全部；

- 如果照顾得不好，把狗送人是对狗的最大伤害；

- 狗寿命长达十几年之久，你可不可以在这期间不离不弃的照顾它？

- 如果你没有买下它，它会遇到真正喜欢它的人，过着幸福的生活；而一旦你把它带回家，就意味着它的一生是否幸福都由你决定了。

3. 养狗是要孩子遵守界线和诺言的

当你和孩子说完上面的一切，孩子可能会很快的"答应"，而这些"答应"很有可能是为了实现养狗目的而敷衍你。所以，当孩子进行"承诺"后，在真正买狗之前，还需要对孩子进行一段时间的考验，比如说：

- 先想办法找一个养狗的朋友，到别人家玩，替别人遛狗、捡狗屎；

- 如果有朋友的狗需要寄养，可以把狗放在你家，让孩子照料一段时间；

- 画一张表格，记录每天养狗需要做的事情，模拟遛狗、喂食、清理粪便等；

- 给孩子布置一项家务活，看是否可以坚持下来；

- 每天为照顾小狗预留 45—60 分钟，如果孩子可以准时完成学习任务并处理完所有要做的事情，说明孩子有能力安排好自己的时间。

以上的考验，建议至少持续一至二个月，当孩子能够通过以上的考验，说明经过了这么长时间，孩子仍然有强烈想要养狗的意愿，也说明了孩子很可能是真心喜欢小动物，而并非一时冲动。同时，孩子在规定时间内，能完全遵守这些"苛刻"的要求，说明孩子已经具备了一定的自制力和照顾宠物的责任感，也是值得信赖的，这都是作为宠物主人所必需的条件。此时你答应孩子养狗，是很好的选择。

我提倡家长允许孩子"自主选择，自我负责"，但是面临这样一个很严肃的、影响整个家庭至少 10 年的决定，作为父母应该对孩子的选择加以引导，而不是一味的顺从。除非你的孩子从 3 岁起，就开始养成良好规矩，懂得遵守界线和规则，同时也习惯了自己做主、并对自己的选择负责，否则，孩子一时兴起的"自主选择"，很有可能演变为孩子根本就无法承担的后果。因此，建议家长谨慎对待这一类"重大"的生活抉择。

当一个家庭决定养狗的时候，一定要想是否能善待狗，狗住在我们的家里，是否会快乐。我想，能够为狗考虑的孩子，将来也一定能够为他人考虑。

场景 7　让孩子遵守界线不是靠命令

大家想没想过，自己的孩子在遵守界线时是否快乐？这个问题，看似简单，但现在的父母只希望孩子能遵守规矩，什么事都按照成人的"标准"来要求孩子。一个孩子在这样的情况下成长，他们会快乐遵守界线吗？

如果一个孩子不能快乐，其界线约束一定是失败的。

1. 让孩子快乐遵守界线

对孩子的教育一定是要"活的"，教育的难点也正在此，这也是为什么对儿童的教育，不能完全规范化、标准化的重要原因。给孩子立界线也是如此，需要在生活的点点滴滴中，灌输孩子遵守规则的意识。但教育不是一成不变的，对同一个"界线"而言，环境、条件、对象变了，父母就需要做对应的调整。界线是为孩子教育服务的，但孩子教育不是为界线服务的。

比如，孩子能和其他小朋友一起玩，对目前许多独生子女而言，是很幸福的事情。所以，玩到兴头，可能会违背日常生活中的一些界线。这种孩子"越线违规"的反复，是很正常的行为表现，家长在处理时需要比平时更加谨慎。

孩子在情绪上，比较易变和难于自我控制。孩子有好心情，就比较容易接受他人的信息和对应的管教，对学习也是一种促进。让孩子能一直保持一种良好的情绪状态，是需要家长重视和耐心对待的，哪怕是孩子越线的时候。所以，当我们的孩子处于快乐的情境下，任何教育都容易被孩子接受，这也等于是事半功倍。

2. 场景

这里有一个场景，大家仔细看看有何区别，同时，也注意一下这三个妈妈的处理方法是否正确：

几个孩子到你家玩，孩子们在玩做饭的游戏，玩得是不亦乐乎。最后他们拿玩具做了一个大蛋糕，兴奋地唱着"生日快乐歌"，给玩具娃娃过生日。场面上，家里已经是乱得一塌糊涂，连一些生活用品都参与进来。这时你刚回家，你的孩子热情地邀请你来品尝自己做的"蛋糕"，而你，平时比较爱整洁，而且要求孩子也是这样的。

妈妈1：当你看到桌上、地上凌乱的物品时，马上皱起眉头，要求孩子先整理得干净点。

妈妈2：当你看到桌上、地上凌乱的物品时，马上皱起眉头，要求孩子玩过以后，一定要整理得干净点。

妈妈3：当你看到桌上、地上凌乱的物品时，什么话也没有说，高兴地参与孩子的游戏。但孩子结束游戏后，提醒孩子收拾整理。

从妈妈的角度来看，要求孩子做的一样，孩子最后的结果也是一样的，但从儿童教育上讲，上面3个妈妈的做法却千差万别。

3. 哪个妈妈做得好？

第三个妈妈做得最好，其他两个妈妈的做法都有问题，虽然第二个妈妈会稍微好一点。妈妈之间根本的差异，是面对类似问题，视角从什么地方看。一些妈妈总是以成人的视角来看孩子的问题，只强调结果，而忽视教育的过程。

好了，我们换一个角度，看孩子都是什么感受：

可能1：听到你的指责，孩子们的笑容会僵在脸上，他们不乐意，但却慌慌张张地捡起地上的物品。刚才兴致勃勃、热闹非凡的场面立刻烟消云散。也许，游戏就到此结束了。

可能2：听到你的指责，孩子们的笑容僵在脸上，虽然游戏还会继续，但孩子们游戏的积极性明显不如刚才，只剩下了机械地玩，还不时用眼神瞟向你，不知你还会指责什么。

可能3：孩子的游戏得以继续，他们会兴奋、欢乐、尖叫。但游戏结束后，由于你的参与和提醒，孩子会乐意一起整理。

所以，从孩子的角度来看，三个妈妈的区别之大，是显而易见的。这就提出了一个问题，难道这样约束孩子，比如第一个和第二个妈妈，是错误的吗？

当我们要求孩子执行约定的界线时，是有必要考虑"适时"的。比如上面的场景，当孩子在他们自己的社交场合中兴奋地玩游戏时，在保证孩子安全的情况下，我们首先要考虑的是孩子的兴趣和快乐，而不要先想到孩子的"违例"。

若家长仅从行为习惯要求上进行直接的评价，不仅让孩子在其他小朋友面前丢了面子，导致未来对社交活动丧失积极性，还会剥夺了孩子幼儿自主决定的游戏"主体性"，影响了他们那富有创意性的活动，从而会导致游戏中断。也许孩子可能"服从"你的要求，虽然不一定会哭闹，但一定是不快乐了！

反过来，若你在孩子游戏结束后，要求孩子收拾和整理，一来保证了孩子在游戏中的快乐不间断，二来也是合理的要求，所以孩子也愿意发自内心地服从。这就体现了不同的教育，其效果的巨大差异性。

活教育的一个根本前提，就是让孩子在快乐中学习，过分强调教育规条，会使孩子产生对抗和不快乐。对于这点，其实我们成年人都知道，快乐执行和被迫执行，对心情和对工作效率的影响。

当然，当我们要求孩子执行约定的界线时，还有必要考虑"适度"，特别是当着外人的时候。还是上面的场景，孩子和小朋友玩疯了，若杂乱的物品已经可能影响到孩子的行走，甚至会导致孩子摔伤，此时家长就有必要提出"界线"了，如要求孩子先收拾起一部分玩具以避免有人受伤。

在这个过程中，家长不要采用命令口吻，而是应该与孩子协商进行，例如说"这些东西已经离家时间太长了，已经想家了，我们先让它回家吧?"或"这个东西被你踩了，它好痛呀"这类的话，孩子会非常愿意接受的。

5. 与孩子沟通的智慧

　　不管父母想要如何教育孩子，如果双方之间缺乏良好的沟通，则父母就算是再努力，结果恐怕也是白费功夫。良好的亲子沟通，一定是孩子听得懂，也愿意听你说。同时，孩子在与父母的沟通中，总能感觉自己受尊重，即便是孩子心情不好而发脾气的时候，父母也可以接受他的情绪，并愿意安抚他。

　　此外，良好的沟通不会让孩子有很大的压力，孩子既不会担心父母会大发雷霆，也不会因为惧怕你的批评和指责，而故意隐瞒任何事实。父母和孩子之间，假若能够保持一种自然、顺畅、信任、尊重的沟通状态，则亲子纽带一定非常牢固，这对于任何年龄孩子的家长来说，都是珍贵的、不可多得的教育基础。

场景1　倾听是个技术活

在生活中，我们每个人都喜欢和尊重自己的人交流。谈话技术包括听和说两个方面，但"听"比"说"更重要。倾听有两层意思，一是要求在听别人讲话时，你要用心听来表示对说话者的尊重；二是要会听，要听别人说话中真正的意思。

孩子来找我们，除了亲情的联结外，更多的是遇到了他们无法处理的某些问题，所以父母不要流露出漠不关心和应付了事，更不能表现出急躁和愤怒的表情，要耐心地去听孩子说出来的每句话。只有你很诚恳地去听，孩子才有兴趣讲述发生在自己身上的事。

而在孩子教育中，成年人基于自己的经验，往往认为很快就听懂了孩子的话，但实际上可能并非如此。当你耐心细致地听孩子叙述自己的"苦恼"，本身就是对他们的安慰和鼓励。倾听孩子，既表达了对孩子的尊重，同时也能使你与孩子的亲子关系有质的飞跃。

1. 倾听小技巧

做到倾听并不难，这里有几个小技巧：

第一，要用"心"。

倾听时，要体察、接受孩子的感觉，并在这个基础上，将孩子的感受复述出来。所以用"心"时，你要放下手边的事情（不管是正在打电话、处理工作，还是上网、看电视），让孩子感知到，你整个人都在关注着他。同时，你还要观察孩子表情、动作所表达出来的含义，结合孩子的语言和情绪，从中发现孩子所省略和未表达出来的内容。

比如，孩子在幼儿园里和小朋友抢玩具了，回来后有可能会和你这样说：

1）我和某某抢了玩具：孩子描述了较为客观的场景；

2）我抢了某某的玩具：孩子比较强势，自我中心感强；

3）某某抢了我的玩具：孩子比较弱势，比较容易退缩。

第二，善于使用身体语言。

人在沟通中，身体语言是占绝大部分的。善于使用身体语言，可使倾听事半功倍。而在倾听中，最常用、最简便的动作是微笑、点头和身体前倾，并用充满兴趣的目光注视。身体语言要适时、适度，目的在于让孩子更深地感觉到自己被重视。若是机械的微笑、随意的点头，或眼神漂移，孩子很快就会发现你心不在焉，从而影响和孩子的沟通效果。

第三，善于重复孩子的话。

倾听别人的谈话要注意信息反馈，及时查证自己是否了解孩子的真正意思。家长不妨适当地重复孩子的话，或说"你的意思是……"，这样就能抓住孩子要表达的主要意思，不被个别枝节所吸引，避免造成误解和曲解。

第四，善于使用各种语气词。

在倾听中，可以经常使用如"嗯""是的""噢""是这样""真有意思""继续说""我明白了"等，这些言语向孩子传递了"我在认真听""我感兴趣"等信息。当然，如果和你的身体语言共同使用，效果更佳，如说"嗯"，同时眼睛注视孩子并点头示意。

所以，正确的倾听要求家长以敏锐和共情的态度，深入到孩子感受中去，细心地观察孩子言行，以及如何对所遇问题做出恰当反应。还要注意孩子的各种表情、姿势、动作等，从而对言语做出更完整判断。善于倾听，不仅在于听，还要有参与，有适当的反应。

2. 倾听中易出现的错误

但也需要注意的是，在倾听中应避免犯一些"错误"：

第一，轻视孩子的问题。

常有一些家长，听完孩子的讲述，觉得孩子说的是小题大做、没事找事、自寻烦恼，因而流露出不耐烦的态度。孩子的世界很小，思维方式和认知模式又不成熟，在他们稚嫩的双眼中，任何与自己相关的事情都是"大事"，也都可能是困扰他们的难题。所以，无论孩子说的事情在你看来多幼稚可笑，也不要流露出任何的轻视和嘲弄。

第二，急于下结论。

有些家长，往往在还没有清楚孩子所述事情的真相之前，便急于下结论和表达意见。这极易使孩子感到你没有耐心，往往就停下来不再说了。而当你总是错误理解孩子的意思，并迫不及待地发表"高见"的时候，孩子就越来越不愿意和你说了。

第三，经常打断孩子的话。

有些家长在听孩子说话时，常打断孩子的叙述而偏离话题。孩子刚讲了一点，你就深究那些不重要或不相关的细节，搞得孩子无所适从，不知道该说什么好。孩子的思维像一条直线，不能应付复杂的逻辑，而且很难同时开展不同主题。一旦他的讲述你打断了，就很难再接上，就非常不利于充分表述自己。这样，你即不能让孩子宣泄情绪，也可能让孩子忘记说出最重要事情，而孩子自己，不仅没能解决问题，反而还会徒增懊恼。

第四，作道德或正确性的评判。

这是在倾听中，家长特别爱犯的错误。例如孩子说抢了别人的玩具，你立即说"别说了，这件事上明明是你错了，你还说别人不对!"。或孩子说别人抢了他的玩具，你马上一脸正义的指责对方"他怎么能这样? 真是一个霸道的孩子!"孩子来找你说话，并非是想来听你批评、指责和评判的。况且，孩子的事情大多都没有绝对的是非对错，也无需上纲上线。只要孩子能说出来，心中的情绪就已疏解了大半。

即使你不赞同孩子的想法，也应该引导孩子，让孩子自己来做评价，而不是把你的价值观念、是非标准强加于孩子。否则，孩子也不会喜欢与你沟通了，谁会喜欢天天面对一个法官呢?

第五，过分共情。

在倾听中确实需要共情来缓解孩子的负面情绪，但共情次数过多或过度共情，反而对孩子产生某种心理暗示，强化了他们的某些情绪。孩子高兴时还好，但孩子"痛苦"时，你过多地说"你一定感到很伤心""你觉得自己委屈极了"一类的，有时反而煽起或扩大了孩子的负面情绪，把小事化大了。这样，情绪发泄成了主目标，而更重要的意义却被忽略了。

3. 举一反三

最后，给大家讲一个倾听的小故事，看看大家从中能体会到什么：

美国知名主持人林克莱特一天在访问一名小朋友，问他："你长大后要当什么呀？"小朋友天真地回答："嗯……，我要当飞机驾驶员！"林克莱特接着问："如果有一天你的飞机飞到太平洋上空，所有引擎都熄火了，你会怎么办？"小朋友想了想："我先告诉坐在飞机上的人绑好安全带，然后我挂上我的降落伞跳出去。"

当在现场的观众笑得东倒西歪时，林克莱特继续注视这孩子，想看他是不是自作聪明的家伙。没想到，接着孩子的两行热泪夺眶而出。于是，林克莱特问他说："为什么要这么做？"小孩的答案透露出一个真挚的想法："我要去拿燃料，我还要回来！"

场景 2 这样问孩子才肯说

曾经有段时间，女儿不太愿意回答我的提问，虽然有时她会主动说一些自己在幼儿园的情况，但当我问的时候，经常当作没听见。对此，我仔细地反思了几天，细心回忆了我是怎么和孩子说话的，结果越想越不是滋味。原来，我把工作中的语言形式，用到了孩子身上！

这也说明，我平常与人打交道时的说法方式有问题，许多沟通中的障碍，都源于我们在提问时的不妥当。这还真验证了那句话：我们教育孩子的同时，孩子也在教育我们，来发现自己的错误。

我整理了一些在提问中经常犯的错误，你也可以"自查"一下。若你有超过 5 个以上的情况，非常有可能，你在与孩子或其他人的沟通方面存在着障碍。

1）封闭性提问

这种提问，通常只能采用"是"和"不是"来回答。这使孩子在对话中，只能被动应答，有压抑感和被询问感，其自我表达的愿望和积极性就会受到压制。

如你想问孩子在幼儿园的吃饭情况，你会怎么问？

常见："今天你在幼儿园，吃得好不好呀？"

更好："今天你在幼儿园吃了什么好吃的，说出来，让爸爸也流流口水。"

2）带有强烈假设性的提问

这种提问，实际上事先已有一种假设，而期望孩子的回答来验证你的判断。当孩子被验证后，你常会把表示你有预见性的话讲出来。而没有验证，也会出现"真的？假的？"等怀疑。

如孩子回家后又吃了不少饭，你想问孩子在幼儿园的吃饭情况：

常见："你们幼儿园的饭，是不是没有家里的好吃？你怎么总像没有吃一样？"

更好："你们幼儿园的饭菜里面，你最喜欢吃什么？我也学着做一做。"

3）审问式提问

对这种提问，孩子常因为处于被"审问"的地位，而产生防卫心理和行为，特别是那些有质问性质的提问。从本质上讲，这对孩子有强烈暗示性，明显要求孩子回答理由，也暗示孩子的行为或情绪是错误的。而孩子的第一反应往往是表白自己，或是以沉默应对。

如孩子做错一件事情：

常见："你怎么能这样做？""你不知道那是错的吗？"

更好："我听见被你摔的娃娃哭了。""你和娃娃闹别扭啦？"

4）多重问题的提问

这种提问，往往是对一件事进行连珠炮形式的提问，表现出家长的急躁和没有耐心。这样提问会导致孩子不知所措，最有可能的是只回答一个他认为最重要的方面，或最容易回答的。

如你想知道孩子在幼儿园是怎么做的：

常见："幼儿园老师怎么让你做的？你是怎么做的？你的小朋友又是怎么做的？"

更好：一次只提一个问题啦！

5）多重选择性的提问

这种提问，和封闭性提问接近，虽然有选择但余地不大。孩子可能通过你的暗示，按照你的估计进行回答，容易把孩子的真实想法给掩盖了。

如你想知道孩子在幼儿园是怎么做手工的：

常见："你在幼儿园是怎么做的？用手，还是用剪刀？"

更好："能教教我，你在幼儿园是怎么做的？"

6）责备性提问

这种提问，主要是以反问形式责备孩子，带有贴"标签"性质。这样有威胁性的提问，经常使孩子产生被排斥、指责和防卫心理。在与孩子沟通中，家长尽量避免使用这样的提问。

如孩子跑，被地上的玩具绊倒，哭了，你会怎么问？

常见："你看看，摔痛了吧，当初你干什么来着？"

更好："磕痛了吧？我想，玩具也被你踩痛了，咱们先把玩具收起来？这样谁都不会再痛了。"

7）预言式提问

这种提问，和责备性的提问有一点接近，但主要是以预想结果来责备、嘲讽孩子，也带有贴"标签"性质。这样提问会伤害到孩子的自尊心，尽管孩子已经认识到自己的错误。

如孩子把拼插玩具给弄坏了：

常见："我早就跟你说过这样不行，不是说过不让你这么拼吗？"

更好："我知道你想独立尝试，来，我们再试试这一个，看看怎么拼会更好？"

8）归罪猜想式提问

这种提问，常是家长以主观猜想出发，并带有归罪性质。当孩子面对这样的提问，不管是否有自己的责任，第一反应都是先否认，而后再想办法进行解释。

如你看见一个碗被摔破了，你会怎么问在旁边的孩子？

常见："这个碗是你摔坏的吗？怎么这么不小心？"

更好："我看见地上有一个摔碎的碗。"

9）双重否定式的提问

这种提问，是提问中有 2 个以上的否定词。由于孩子小，逻辑思维能力不足，他们对双重否定，常常会转不过圈了，一迷糊，就不知道该怎么回答了。

如你问孩子喜欢不喜欢一个老师：

常见："你们班上，没有一个小朋友不喜欢张老师吧？"

更好："你喜欢那张老师哪些地方？"

10）驴唇不对马嘴式的提问

这种提问，主要是问与当前情境无关的事情，并往往基于错误的假设或方式。遇到这样的提问，别说孩子了，大人都晕。一般情况下，孩子也会用无意义的字来答复你。

如你和孩子正在讲故事，你突然想起问孩子喜欢不喜欢一个老师。

常见："你看这，多好看。对了，你喜欢你们班的张老师吧？"

更好：根本不问。

由上面的十条看，常见说法和更好说法，基本都是针对同一件事，但给孩子的感受却差别极大。要是家长能站在孩子的角度，在认同和理解孩子的基础上进行恰当的表达，那将让孩子喜欢与你沟通，并愿意考虑你的意见。有了这样好的沟通基础，就不怕将来会出现"孩子大了不爱跟父母说话"的情形了。

场景3　有没有"你"，大不一样

在儿童教育中，细节是非常重要的，教育孩子就是无数个细节教育组成的。比如，家长在与孩子的交流、教育过程中，经常说一些有问题的话，其结果不仅没有起到任何教育作用，还在无意中伤害了孩子。这不是危言耸听，我们成人太喜欢以"爱"的名义来对孩子说话，总希望孩子什么都按照自己说的去做。

要说起来，不管什么教育流派，本质上都是想让孩子"听话"，最终能按照社会行为标准来行事，并成为世人眼中的"正常人"。所以，教育孩子不可能没有目的、期望和功利，而在教育中说出能让孩子"听"的话，才是真正的教育！

1. 场景

那如何说孩子才会听？我说一个非常常见的实例，比如，你在生活中要求孩子饭前洗手，你有两种说法方式，可明确地表明你的立场，你会用哪个？

A："饭前必须洗手，这是每个好孩子必须做到的，不洗手就吃饭是不对的！"

B："饭前必须洗手，这是每个好孩子必须做到的，你不洗手就吃饭是不对的！"

两句话，加标点符号，重合度高达 97%，唯一的区别仅是 B 说法多了一个"你"。

也许大家看完会说，这两句话意思完全相同，没有什么本质区别。真的是这样吗？其实，B 说法是有很大问题的。如果看不出区别的朋友，我相信其在生活中，对孩子说话时，几乎是采取 B 说法的，即说话中经常带了一个"你"。

在生活中，这种例子可以说出许多许多的，比如：

"在家里乱扔东西不好，我不喜欢！"与"你在家里乱扔东西不好，我不喜欢！"，"我看见地上都是玩具！"与"我看见地上都是你的玩具！"，"书跑到地上被踩了，就脏了！"与"书跑到地上被你踩了，就脏了！"，等等。

2. B 说法为什么不好

在说之前，先谈一点基础知识：周岁婴儿已能将自己与他人分开，15—18 个月的婴儿开始能把自己作为客体来认知，18—24 个月，具有明确的客体"我"的认知，会用适当人称代词（如我，你）称呼自己和他人。所以，对幼儿来说，孩子能清晰地知道"你"的含义，也能明白家长说带"你"字的话，一定是和自己相关。

所以，当你对孩子说"你不洗手就不是好孩子"时，许多问题就出来了。我采用对比的方式，细说一下：

1）泛指与特指：A 说法是一种泛指，并没有把矛头对向某个具体的人，虽然孩子会领悟到家长可能说自己了；B 说法是典型特指，孩子明确知道家长在说自己；

2）描述与指责：A 说法是描述一种现象，或是一个习惯、行为标准，家长"欣赏"达到要求的孩子；B 说法是典型指责，孩子会忽略标准而直接理解为"我不对，我不够好"；

3）对事与对人：A 说法是描述一件具体事情，就算是在说一件不好的事，也是仅对事情本身发表态度；B 说法是典型在说人，是强行把事情的责任和要求，都推到人品上；

4）陈述句与祈使句：A 说法是陈述句，基本没有什么感情色彩，只是说事情和描述，语气重点在最后。B 说法是典型祈使句，表示命令、请求、禁止等，语气重点在"你"；

5）标准与标签：A 说法是说一个行为和习惯标准，是对所有孩子的要求，是"好孩子"应做到的；B 说法是典型负面标签，孩子若未做到，马上认为自己是一个"坏孩子"；

6）要求与错误：A 说法是在说一个行为和习惯标准，是提出当前行为的规范要求，含有等待意味；B 说法是典型下结论，直接说孩子的错误，并加上了家长评价；

7）期望与失望：A 说法是在说对一个行为和习惯的要求，是家长期望孩子做到；B 说法是典型表达家长失望情绪，而这一切都是因为孩子未按照家长的要求去做；

8）动力和阻力：A 说法对孩子是有明显动力，达到家长的要求是能获得"好孩子"的奖励；B 说法对孩子有极大阻力，孩子是想到若自己没有做到，家长会给什么惩罚。

批评孩子也是教育的一种方式，只是在引导、批评孩子时，尽可能对事不对人，通过描述事情本身和说自己感受，少一点直接使用"你"字来特指孩子，孩子会容易接受和领悟。

3. 小问题

顺便说一下，就"不洗手就吃饭是不对的"而言，这是成人化语言，是大家喜欢使用双重否定来表示强调。如果孩子比较小，比如 4 岁以下，此说法就有瑕疵。在与低龄儿童交流时尽量避免使用双重否定，这是由于孩子逻辑思维能力不足，快速对话之中的双重否定，他们很容易转不过弯。你说得"义愤填膺"，可实际上孩子是一头雾水，完全跟不上你的思路。

所以，在孩子教育中，一定要和孩子实际情况结合，活学活用，尽可能少犯一点错误，能采取一些"游戏"的方式就更好了。另外，对某些胆汁质的孩子指出其不足之处，孩子也会非常愿意接受的，只是别上升到人品问题。

最后，留给大家的一个思考题：上面的例子反过来，若在表扬孩子的时候，应该怎么说呢？

场景 4　学不会系鞋带是谁的错

有一天，孩子鞋带开了，找你来帮忙。问题是，你以前已经教过孩子怎么系鞋带了。

也许有些爸爸说："孩子，你真够笨的，系鞋带这事我已经教过你多少次了，怎么还学不会？好好看着，我再教你最后一次！"

如果是你遇到类似的问题，怎么说最好？回答这个问题之前，让我先转换一下场景吧。

假如你去见一个大客户，他们公司只要签单，就是上千万元级。一起出门的时候，正好客户的鞋带也开了，他弯腰去系，同时自嘲地说："我这么大了，鞋带还是系不好。"此时，你会说什么？你会说他笨吗？

在生活和工作中，我们难免会说一些"善意的谎言"，也许这是人际交往的需要，或是工作和赚钱的需要。你有没有想过，你会这样做的根本原因是什么？说白了很简单，因为你把对方当成一个有尊严、有面子，并且要与之维系关系的人！

可是，当我们回到家里，为什么总对孩子说特别"实在"的话？是不是根本上，我们认为孩子还小，什么都不懂，或者"好欺负"？

大家都反思一下，我们明明希望孩子听话，却偏偏说他不听话；希望他动作快，却偏偏说他慢；希望他聪明，却偏偏说他笨。

要知道，我们无意中的言语，却有可能对孩子造成伤害，甚至会影响他们一辈子，特别是对 3～6 岁的孩子。父母说一些让孩子没有自尊的话，就如同最强的心理暗示，会在孩子幼小的心灵留下深深的烙印。当孩子没有了自尊，就会觉得自己什么都不如别人，最后干脆破罐子破摔。而假如你没有意识到这一点，你就会不断地用不经意的语言去戳痛孩子，而这些负面的"角色定位"，很有可能陪伴孩子的一生。

我并不提倡让父母对孩子说假话，或曲意逢迎孩子。但说实话，却应采取孩子更容易接受的方式。不能否认，实话有时是会伤人的，它就像一块宝石，你拿起来扔到别人脸上，一样会造成伤害。如果张嘴前先想想对方可能的感受，用适当的措辞和艺术的实话，就会让对方心里舒服得多。想要你和孩子都身心和谐，那就从心开始，从孩子小的时候就对孩子说他们愿意接受的实话开始。

回到最初系鞋带的问题，聪明爸爸应该说："孩子，我真是笨死了，系鞋带这么简单的事情，我都教不会你！来，你抓着爸爸的手，咱们再一起系一次，相信你一定能学会！"

场景 5 向陶行知学批评

孩子不犯错误是不可能的，可一些家长往往被孩子的错误搞得唉声叹气、焦头烂额、束手无策。其实孩子的错误是一回事，而你会不会批评孩子，是另外一回事。

1. 陶行知的批评方式

大家先看一则教育大家陶行知先生的故事，看看他是怎么处理孩子的"错误"的：

有一次，陶行知校长看到男生王友用泥块扔同学，当即制止，并让他放学后到校长室去。放学后，待陶校长赶回校长室时，发现王友已在门口等候，一副准备挨训的样子。

出乎意料，陶校长从口袋里掏出一块糖说："这是奖给你的，因为你按时来到这里，而我却迟到了。"王友惊讶地接过糖果。陶校长又掏出一块糖说："这块糖也是奖给你的，因为当时我阻止你，你立即住手了。这说明你很尊重我，我应该奖你。"

王友迟疑地接过了第二块糖。陶校长又掏出第三块糖说："我调查过了，你用泥块扔那些男生，是因为他们不遵守游戏规则，还欺负女生。你扔他们，说明你正直善良，有跟坏人斗争的勇气，应该奖励你。"

听到这里，王友流着后悔的泪水说："陶校长，你打我两下吧！是我错了，我扔的不是坏人，而是同学啊！"陶行知满意地笑了，随即掏出第四块糖说："为你正确地认识错误，我再奖给你一块糖。"

等王友接过糖，陶行知说："我的糖送完了，我看我们这次谈话也该完了吧。"

相信陶行知先生的故事会给大家一些有益的启示。若我们也能像陶行知先生那样，换一个角度，注意在批评孩子错误的同时，肯定孩子的优点，在指出其不足的同时看到其成绩，那孩子就会欣然接受。所以，批评既是一种重要的激励方式，又是一种有效的沟通信号，更是一门直叩心灵的艺术。

2. 批评是为了不批评

当你面对孩子的错误，要注重时机、场合和方式的选择。如果对你的批评，孩子没有听进去或是在心里抗拒，那你说了也是白说。所以，你要掌握孩子的心理，避免对立情绪的出现。

小孩子犯"错误"，主要是因为孩子自控力不强，辨别是非的能力较弱。因此对 2 岁以内的孩子，不要责罚；5 岁前，你可以清晰地指出孩子的错误，但批评要根据孩子性格进行调整；10 岁前，需要你帮助孩子从错误中获益，学习规则和承担责任。

从某种意义上讲，批评是为了不批评。真正高明的批评，包含的更多的是交流、引导和印证，这也是"惩前毖后，治病救人"的根本意思。当孩子犯了错，要了解批评会对孩子造成什么样的影响，同时家长要认识到自己也有责任，要摒弃"都是孩子不好、不听话"的惯性思维。

只要家长自己能从"教育者"和"统治者"的位置上走下来，站到孩子的位置上去考虑问题，恰当的批评不仅不会伤害亲子感情，更可以让孩子因感觉被尊重、被理解，而越发贴近父母，同时从内心认识到自己的问题所在。

3. 高明批评的样例

为了帮助大家更好地理解，我给大家几个"批评"孩子的好样例，有些来自教育大师，有些则来自寻常父母。也许，能让父母们有新的感悟。

案例一：

一个小孩子偷钱买东西吃，被父亲发现了。父亲命令他在冬天的院子里罚站一小时。当父亲看到孩子的哆嗦样子，突然意识到，孩子犯这样的错，根本原因不在他，而是自己平时就没有好好关心、教育过孩子。

于是他站到儿子身边说："孩子，偷钱是你的错，但是把你教育成偷钱的孩子，是我的错。我更应受到惩罚。爸爸罚自己站一个小时，你只要站半个小时。"父亲的认真和惩罚分明，打动了孩子的心。此后，孩子再也没犯过同样的错。

案例二：

著名教育家孙敬修看见几个孩子在折树苗，便把自己的耳朵凑到树上，装出听什么的样子。孩子们好奇地问爷爷在听什么，他说是在听小树苗哭泣。"小树苗也会哭吗？""是呀！你们折了它，它当然要哭。请你们不要损害它们。"孩子们听了，羞愧得脸都红了。

案例三：

学生迟到，老师问："是家里出了什么事情，还是身体不舒服，能告诉我吗？"学生摇了摇头。老师接着问："是昨天晚上写作业用的时间多，睡觉晚了，所以今天起晚了？"当回答不是后，老师说："那是路上遇到什么意外的事情，让你必须花时间，结果耽搁了？"学生依然回答不是，老师最后问："那是？"学生不好意思地说："对不起，老师，是我路上贪玩了。"

案例四：

两个孩子满身泥巴地跑进来，妈妈说："我看见两个小孩，脸上、手上全是泥巴。"孩子互相看了看，去卫生间清洗了。几分钟后，妈妈去卫生间，看了一眼说："我看见卫生间的墙上都是泥巴。"孩子赶紧拿布去擦。过了一会儿，孩子让妈妈去看，妈妈看了说："我看见卫生间的墙已经擦干净了。"孩子笑了，同时马上说："洗手水池我们立刻就清洗。"

最后，我想说一下，"批评"真是一门综合性艺术，它需要有良好的倾听、共情、语言、理解能力，同时，还需要了解孩子生理、心理特点。而对孩子故意犯错的最高明批评，是教育中一个非常积极的原则，就是"禁于未发"。也就是说，要在孩子真正发生不良行为之前，积极引导孩子避免犯错。

场景 6 最有技术含量的表扬

近年来，"大拇指教育"和"赏识教育"在年轻的父母中风靡一时，都主张经常对孩子表示赞赏和鼓励，可让孩子获得更大的进步和成长。可如果对孩子的表扬，不是发自内心并符合实际的，特别是那些廉价的、不恰当的、讨好性的表扬，则会流于过场和表面化，造成孩子错误地认为自己"十分完美"，导致经不起外界批评，在竞争中容易遭受挫折与失败。

孩子在成长过程中，往往是犯的错误，比"值得"表扬的行为要多得多，想找出真正符合表扬定义的行为，还真不容易。于是，就出现一个问题，你是不经常表扬孩子呢，还是对孩子进行虚假表扬？

实际上，在生活中是有一种高难度的表扬，只需要家长从孩子行为动机、行为预期、心理感受等方面，挖掘出积极的、有意义的闪光点来，哪怕只有一点点，也可以对孩子做对应的表扬。

下面通过例子来说明一下，什么是高难度的表扬：

1）孩子无心犯的错误

典型场景：你炒好了菜，孩子要帮你端上餐桌，可一失手掉在了地上，饭菜和碎片撒了一地。

点评：按照成人标准，这是一件坏事，但从孩子角度来看却是由于能力不足，或是不小心，好心帮了倒忙。此时，有心的家长不仅不怪罪孩子，反而还会安慰他。而家长做得不好，就会嫌孩子添乱，责骂孩子。

所以，针对孩子好的原始动机，就算没有取得预期的好结果，也要往好的方向引导。比较好的说法是："我知道你想帮忙，摔到地上不能都怪你。是因为盘子太烫了吗？下次端盘子之前，先轻轻用手摸摸盘子边缘，如果不烫了，你再端到饭桌上。"

另外，有时尽管孩子好心办坏事确是因为能力不足，但父母最好不要"赤裸裸"地指明，因为这会让孩子接收到"我太小，什么都做不好，我的能力太差了"等消极信息，并随即产生受挫感。比较好的处理方式是，不要立即严格禁止孩子再做这件事，但在下次同样的情形出现之前，主动给孩子"安排"一些他更熟练、更有把握的其他任务。

2）保护孩子的创新想法

典型场景：几个孩子去公园玩的时候，发明了一个极其幼稚的游戏，玩得不亦乐乎，还邀请你参加。

点评：这种情况对学龄前孩子来说，是很常见的。家长往往觉得，游戏本身实在是没有什么可值得夸奖的，而且浪费了这么多时间，还不如去别处逛逛。要是非夸奖不可，连自己都会觉得好笑。

我们仔细看看，幼稚的游戏难道就没有值得肯定的地方吗？首先，这是孩子自主发明的，就算简单但也建立了规则；第二，孩子们玩得不亦乐乎，不正说明了大家都感觉有趣，并按秩序玩耍吗？

第三，孩子们无需大人陪着，自己就可以照顾自己、娱乐自己，说明孩子有很强的独立性；第四，孩子邀请大人参加，是希望成人能够分享自己的快乐。对于几岁的孩子而言，这已经是很值得鼓励的了。

从看似平常的举动中找出孩子的闪光点，并不是"矫情"，而是要培养自己也有发现孩子优点的眼睛。此外，你还可以对孩子进行引导，例如问问孩子，你是怎么发明的？游戏规则还可以变化吗？如果家长也参加，能否有什么新主意？

3）关注孩子挫折时的感受

典型场景：孩子玩积木搭高楼时总是倒塌。

点评：与孩子成功的喜悦相比，关注孩子挫折时的感受更为重要。孩子天生渴望成功和征服困难，但由于能力问题，一定会遇到各种各样的挫折。如果父母对孩子的挫折只是说一些无关痛痒的"鼓励"，对于提高孩子的能力是于事无补的。

面对反复的失败，此时最能打动孩子的，是父母看到并承认他们的努力，接纳他们的沮丧、愤怒等情绪，同时让孩子进行纵向对比，从挫折中获得成功的体验。所以，你可以鼓励孩子"比前几次强多了，需要帮助就告诉我"或说"你应该为自己感到骄傲，你经过努力已经能搭到五层了！"

4）对孩子进行授权

典型场景：吃饭前，孩子想摆碗筷。

点评：孩子在成长过程中，迫切需要家长的肯定和鼓励。可如果在每天的生活中，缺少明确目的地滥用，则还不如根据孩子的能力，经常交给他一些"光荣"的任务，由他全面负责。将一件事授权给孩子,对孩子来讲,是一种莫大的信任,也是对他能力的肯定。所以,无需用语言夸奖孩子"你表现得真好、你真能干",也同样能让孩子感觉到被肯定和被赞许。

如果你发现孩子已经具备某种能力,就应该放手让孩子去做,并逐渐把这变成孩子的一种习惯。比如摆碗筷,你完全可以说"既然你这么喜欢摆碗筷,那以后这个任务就交给你好啦!"

5)对孩子进行激将

典型场景:"你能把碗筷摆好?我不相信,除非你连续3天都摆好!"

点评:激将法,是故意不相信孩子有某种能力,然后设置障碍,而孩子为了表现和证明自己,会钻进家长的"圈套"。但激将法不能经常使用,只能是偶尔为之的方法。并且,只有当家长对孩子的性格和能力非常了解时,才能使用激将法,否则不仅没有效果,还打击了孩子做事的积极性。另外,在孩子完成激将"任务"后,家长不必过分夸奖,多承认自己"看走了眼"这样的"错误",一样会让孩子心满意足。

6)让孩子感觉到自己被需要

典型场景:"宝贝,你能帮我一下吗?"

点评:孩子天性是善良和乐于助人的,父母要利用这种心态,在无形中把自己的教育理念融入到生活中。同时,由于父母的低姿态,不仅使孩子觉得自己有能力、被需要,也让家长得到了名正言顺"夸奖"孩子的机会。当孩子完成对你的"帮助",你的一个会心的微笑,或一个热情的拥抱,就足以让孩子心满意足。

当时机相对成熟的时候,父母就可以请孩子参与家中重要事情的讨论和决策了，例如，全家人坐在一起商量如何度过长假，或买什么重要东西等。这会使孩子感觉到自己是一个独立的、有能力的人，获得了家长的最高奖励和表扬！

7）背后表扬孩子，但又故意让孩子听到

典型场景：假装背着孩子，在另一个房间打电话和老人汇报："你孙子今天可棒了，……"

点评：不当着孩子的面表扬他，有时其效果是你想象不到的。孩子习惯了当面夸奖，时间久了难免觉得习以为常。但偶尔听到你"背着他"的真诚夸奖，感觉会像是老板额外给你发了个小红包，不仅是意料之外的小惊喜，同时还会特别感动。特别是对于那些不善于当面赞美孩子的父亲，有时"无意"让孩子听到你的心声，会让孩子尤其满足，并记忆深刻。

8）帮助孩子进行自我评价

典型场景："你喜欢自己画的画吗?"

点评：当孩子完成了某一项工作时，你可以问问他，你觉得自己做的事怎么样。若孩子对自己的所作所为能做出正面的评价，就说明他内心有成功的喜悦，同时也能产生继续学习的动力。而家长此时的责任，是引导孩子多发现自己的长处，并对自己做出客观、积极的评价。这也等于是让孩子学会自己肯定自己，只是家长别事事都这样问。

以上是抛砖引玉，让大家从一个新的角度，重新看待对孩子进行表扬的方法。

场景 7 揭穿谎言有技巧

撒谎，是人类的不良天性之一。许多家长一遇到孩子说谎，就为此感到头痛，心痛不已。但是对于幼儿的说谎，其实也不必过分焦虑。从孩子的"谎言"来看，许多成人的认识是有偏差的，孩子的"假话"未必真的是故意撒谎。

1. 真正的谎言

谎言，是说话人通过刻意隐瞒或提供与其记忆中不符的信息的行为。所以，谎言并非是真相的反义词，如果在说话人脑中的记忆与他所说的话相符，则不称之为谎言。真正的谎言，是以隐藏事实、逃避处罚和蓄意说谎以获取利益为目的的，其前提一定是在于说谎人脑中有与其所说不同的"真相"。

幼小年龄孩子的撒谎，很多是无意的。由于孩子生理、心理还不成熟，在其学习过程中必然会犯一些常识性的错误，这就可能会出现"谎言"。若父母不了解孩子的这些情况，仅从成人社会道德标准来衡量，只要说的话和实际结果不吻合，就认为孩子是在说谎。

当然，和成人一样，孩子的谎言也有心口不一、言行不一致、前后言语不一致、夸大、故意取悦等。孩子真正的谎言，主要是因为害怕受罚或逃避责任、为了达到某种愿望（如吸引注意力、获得利益等）、满足你的某种需要（如面子）等。面对孩子的这类谎言，作为家长是需要指出来的。同时，也应该让孩子察觉到自己有不当之处，鼓励他对所做的事情负责。

但是，对不同原因导致的说谎，要采取不同的方法来对待。对于无意识的谎言，要及时帮助孩子进行辨别。而当家长要揭穿孩子的有意谎言时，需要谨慎、适当。若家长太过于直接，或者上来就批评孩子，这不仅让孩子在压力下，更不敢说出自己的想法，还有可能伤害了孩子感情，下次孩子说谎时会学得更巧妙，以便不被其他人发现。

2. 揭穿孩子谎言注意事项

这种情况下，家长们该怎么处理呢？我认为应该有这样几条需要注意：

第一，要有良好的亲情联结。

父母与孩子间的相互信任和理解，是孩子诚实的前提条件。当亲子关系较差时，你揭穿谎言是对孩子有一定"威胁"的，孩子出于自我保护的本能，自然采取"抵抗"反应。而当你有较好亲情联结时，孩子的"防御"就比较低，不会认为你是在"攻击"，也就容易起到认识错误的效果。

只要孩子内心一直深信爸妈是爱他的，是永远接纳他的，那孩子也就不会因为害怕被抛弃而拼命"抵赖"。因此，揭穿孩子的有意说谎，也要让孩子看到你的态度，那就是：孩子，你确实做错了，但爸妈仍然爱你。而一旦采用了非理性方式，不仅达不到应有批评效果，还会导致孩子内心惶恐不安，让亲子关系受损。

第二，不要扯旧账。

揭穿谎言的本质是为了澄清问题，让孩子明白父母能够辨别谎言与真相。而当你提起旧账时，所有的"新仇旧恨"会涌上心头，实际你已经被自己的情绪"引爆"了。比如，有家长会说："上次你……时，就跟我说假话，还有哪次和哪次，你不是答应我再也不说假话了吗？怎么这次你又骗人！"

更糟糕的是，孩子在家长的威逼和巨大压力之下，越急于回答家长的问题就越紧张，直接导致说话前后矛盾，这更加深了家长认为孩子撒谎的"判断"是对的。而孩子的心理则产生抵触情绪，从委屈、埋怨逐渐发展到不服、报复，甚至有的孩子用故意捣蛋来表示反抗。

翻旧账的做法还有一个潜在的危险，那就是会让孩子感觉家长太"记仇"："爸爸妈妈连那么早的事情都还记得，那么以后就算我表现再好，也依然会记住今天我犯的错误。所以，表现好又有什么用呢！"

大家看到了吗？我们因为发泄自己的情绪，而给孩子带来了这么多的负面感受，完全与我们的初衷相悖。所以解决孩子的问题一定要就事论事。

第三，要适当留面子。

即便是孩子有意说了谎，也应在尊重孩子的基础上指出，不能取笑、讽刺和挖苦，这将使孩子感到极大的耻辱。当家长发现孩子说谎，不要在其他人面前指责或教训他，最好是另找一个合适的时间单独与孩子谈。当孩子确信只在父母和自己之间解决问题，压力就会小得多，也会更加诚实地说出自己的想法。

孩子之所以有意说谎，实际上是知道自己有错，但又害怕承担对应责任。只要不是习惯性地说谎，就可以说是孩子已认识到了错误和有羞愧的表现。若家长此时再不留情面，有可能会适得其反。

第四，最好想办法引导孩子主动说出来。

孩子犯了错，最初也是愿意承认的。可有些家长在孩子主动认错后，还要训斥、打骂孩子，这就严重地伤害了孩子的自尊心和亲子之间的感情。再往后，孩子由于怕被惩罚，就会说更多的谎，这也是孩子养成习惯性说谎的原因之一。而家长抱着相信孩子的态度，与其就事论事时，孩子由于放松反而会放弃撒谎。

如果家长听到孩子的有意谎言，先假设这不是"谎言"，而是当成一个问题去向孩子求证，孩子在被尊重和认同的情况下，很可能主动承认自己说了谎，甚至会说出你意想不到的情况或原因。比如你说："我不知道我是否误会了你的意思，你是不是说……是这样的吗?"这样的姿态，表明你自己可能"误会"了孩子的意思，在保留孩子的面子而又在询问问题真相。

第五，不要给孩子"贴标签"。

遇到孩子说谎，很多家长都会感觉到愤怒，会口不择言地说出诸如"你就是一个爱说谎的孩子"，或是"你老这么说假话，长大就是一个骗子!"之类的评语。这种负面标签无疑是强化了孩子说谎的行为，同时孩子也会对自己是否就是这样的"骗子"感到困惑和耻辱。

同时，给孩子贴上"说谎"标签，也让孩子失去为自己辩护的机会，使家长与孩子之间产生相互不信任，容易在心理上投下阴影，孩子以后有事也尽可能不和家长说了。这反倒为孩子说谎创造了环境，有些孩子正因此形成说谎的习惯。

所以，对孩子的任何说谎行为，不要轻易下断言，上升到品德不好的程度。

第六，千万不要利用奖励和许诺来让孩子说实话。

有些家长明知道孩子已经撒谎了，但为了让孩子说实话和承认错误，就喜欢许下一些诱人条件，算是孩子的奖励。一般孩子都会被眼前的利益所吸引，按照你说的去做。可问题是，这会给孩子的是非观念造成混乱，会以为撒谎也是有好处的，以后可能为了好处而故意撒谎。

❸. 这些谎言不宜当时揭穿

值得注意的是，还有三种谎言不能当时揭穿，需要父母多方面反思和应对。

第一，心口不一的"谎言"。

典型的例子是，孩子看到自己喜欢但价格昂贵的东西，然后对你说："妈妈，我不喜欢，咱们不买了!"但孩子舍不得的神情暴露了他的渴望。发生这种情况，往往让许多家长沾沾自喜，而不认为孩子是说谎。

孩子这种"孔融让梨"式的谎言，是家长过多的"理性训练"调教出来的。如果不纠正，未来孩子也会虚伪地掩饰内心真实想法。如果你的孩子曾出现过这样的谎言，请好好反思一下，平时对孩子的限制是否过于严格? 是否忽略了孩子内心的真实感受?

一个有界线的孩子，遇到这样的情况，也许会说："妈妈，我很喜欢这个，但今天不买了！"这才是孩子的真实写照，不否认自己喜欢，但也知道今天不会买。

第二，夸大型和取悦型的"谎言"。

非常典型的例子是："妈妈，今天老师又表扬我了！""同学们都特别喜欢我，什么都听我的。"这些谎言的出现，往往和孩子安全感不足、内心不自信，以及家长不良示范有很大关系。孩子为了获得家长的关注，已过度社会化了。想改变，就要从家长身上改起。

第三，孩子故意装病。

实际上孩子是否真病，有经验的父母往往一眼就能看出来。对于孩子装病，有两种可能，一是为了逃避，这属于变相反抗；二是孩子在寻求关注，需要父母的关心。造成这种谎言的原因，主要是父母在某些方面给孩子过多压力，让他难以承受，或是平日里父母太过忽视孩子，他既希望得到父母的关怀，又想以此来验证，父母是不是还真的关心自己。

面对孩子的装病，需要分清缘由，对症下药。此时以不揭穿孩子的"谎言"为好，先接纳孩子的感受，然后根据情况适时地解决。需要注意的是，如果你认为孩子是装病，就置之不理的话，装病则非常有可能转化为实际的身体疾病。这是因为，生理可以影响心理，而心理也会导致生理上的病变。

一般来说，孩子在比较宽容的家长面前不爱说谎，因此，父母应该努力与孩子建立起一种亲密、互相信赖的关系。另外，谎言也不是一无是处的。有时候孩子说谎，是因为他在此刻意识到了风险。所以这一刻的说谎也是"生存"技能之一。但孩子为什么要用这样的方法生存，就需要每一位家长好好地自省和觉察自己了。

6. 游戏是最好的教育

　　当社会上专门为"求知若渴"的家长开设的儿童培训班越来越多的时候，很多父母都觉得，如果不给孩子报名学一学围棋、跆拳道、美术、钢琴、机器人……等课程，简直就是对不起孩子。那种劲头，仿佛孩子只有去专业、高级的地方才能学到本领，而呆在家里就会白白损失了大好光阴。

　　对此，我一直属于唱反调的一派。因为在我看来，和形形色色的兴趣班相比，如果父母能够在家庭生活中巧妙地利用机会，聪明地陪着孩子玩，那孩子的收获绝不会亚于出门上课的所学。其实说到底，生活中的"玩"本来就是一种教育机会，就看我们当家长的是否能够留意，并加以利用了。

场景 1 最难的教育是和孩子一起玩

真正会玩的人，是很聪明的人，也是非常会学习的人。大家可以回忆一下自己的童年，给你印象最深的快乐记忆是什么？我想，百分之百是和玩相关的。你若想孩子未来学习好，就要懂得怎样和孩子玩。可这个道理说起来容易，做起来难。只有深入理解"玩"的技能，才能真正的会"玩"，也只有当你到达一定程度，才能"玩"起来。

玩，在儿童教育中，是非常重要的，也是孩子们认识世界学习社会的一种形式，有利于他们的智力发展。"寓教于乐"就是这个意思。所以，玩就是学习，且是一种高级的学习。

从"玩"的种类角度讲，生活就是玩。不要认为玩沙子、打牌、下棋、郊游、到动物园等，才是"玩"。从广义上讲，只要能引起孩子的兴趣，这就是"玩"！也就是说，孩子无论在什么地方，都需要有的玩，也一定要有相当的东西玩。如果不玩不做，幼儿是什么也不会学到的。

1. 一个小例子

是孩子都喜欢走马路牙子，这对他们来说，是一种很好的体验。所以，走马路牙子就是一种孩子喜欢的玩。可一般孩子掉下来几次以后，当天就不会再走，为什么？这是孩子体验到失败，以及感觉到无趣了。所以，你只让孩子自己走马路牙子，不仅浪费了"教育"的机会，也失去了"玩"的乐趣。

其实，在走马路牙子的过程中，可以加入许多许多的东西，比如游戏、技能元素，可以进行比赛、练习平衡、练习反应能力、练习注意力、练习身体协调等，同时还能教孩子自我保护、竞争、勇气。只要家长发挥自己的想象力，简单的"走马路牙子"也是可以让孩子百玩不腻，且从中学到无数东西。

由此看出，我们在生活中可让孩子玩的太多了，只要是生活牵涉到的都可以让孩子适度参与。比如，穿衣可以进行速度比赛、花色搭配、服装演出；做饭也可以让孩子择菜、淘米；吃饭时可以让孩子拿碗、安排座位；走路时比赛发现动物、奇异树叶、蒲公英等。更多的，大家可以自行体会和挖掘。

2. "玩"要适时、适度

对儿童的教育教学必须以生物成熟为前提，又要走在心理机能形成的前面。比如，你让三四岁孩子打"拖拉机"就不合适，这不仅不能引起孩子兴趣，反而使孩子感到挫败和厌烦。其结果孩子自然不愿玩了。所以，在选择玩的方法上，一定要考虑孩子的智力和身体条件。

孩子婴儿期玩，主要以知觉运动为主，是一种简单的感觉和触摸的玩。比如玩沙、玩水、简单玩具等。幼儿期孩子喜欢具有象征性、想象性游戏，同时喜爱模仿，比如过家家、赛跑、捉迷藏、生活模拟等。但这些基本是独自游戏，或是父母参与的游戏，基本无规则。五六岁孩子就可以玩有规则的了，在玩的过程中学习规则和合作。进入童年期，孩子就可以开展智力、逻辑等为主的玩，比如棋牌、拼字类。

所以，当我们与孩子玩的时候，不能太超前了，不能为了灌输一些东西，把"玩"给复杂化了。我们参与孩子的玩，其核心就是提高孩子的兴趣，同时在引导他们玩，使游戏可以继续下去。比如，你让三岁的孩子画画，可能就不是好的选择，而涂鸦却正合适。同样的，你教四岁的孩子用词造句，可能就比较困难，而玩反义词、同义词什么的，却正当时。

3. 做孩子的好玩伴

从玩的技巧上看，做孩子的好玩伴，这不仅能满足孩子情感上的需要，还要巧妙地在玩的过程中，把我们希望传授给孩子的东西慢慢影响到孩子，让孩子通过模仿进行学习。另外，在玩的过程中，还能让孩子练习表达能力及复述能力。

在这其中，有几点是需要注意：

第一，做孩子的好玩伴，要放弃家长身份，做孩子真正玩伴，不能因为与孩子"玩"的幼稚就不用心。孩子是敏感的，能轻易发现你是否用心。所以，不要在与孩子玩时思想开小差、不认真。若玩的过程中，你只是做了一个陪同者和旁观者，那就很难融入孩子的游戏世界。

第二，不能为玩而玩。许多人提倡每天固定时间和孩子玩，想养成一个遵守时间的好习惯，其实这是一个误区。只要和孩子在一起，就是与孩子玩。另外，我们自己可能都有一种感觉，当一件事情变成"工作"的时候，就会感觉到压力。而你以"玩"的心态去工作时，就会感到乐趣和轻松。所以，生活就应该是游戏，游戏就是生活。

第三，玩的时候，以孩子的兴趣为主。如果孩子玩得有兴趣，就可以培养孩子的主动性、自信心、创造性、主动探索、专心做事等优良品质。而当孩子提出"愚蠢"的建议，你不要用经验进行反驳，应让孩子尝试一下，最后在你的尊重和"帮助"下，孩子才会进步。另外，当孩子独自在玩时，就给孩子自己的空间，让他有机会体验到自己玩的乐趣。

第四，玩就要玩出花样来，这是最重要的。总玩一样的游戏，时间久了孩子就会厌倦。所以，为了保持孩子高度的"兴趣"，更是为了在不知不觉中给孩子灌输大量的技能，你就必须玩出花样来。这非常有助于培养孩子的逻辑思维、抽象思维，以及解决问题的能力，不经意间，你让孩子树立自信心、发挥了创造力。

比如，父母讲绘本喜欢照本宣科。而我喜欢的讲故事，基本不会完全照念，还会加入自己的演绎。同时会经常问孩子，下面会是什么，鼓励孩子在复述的基础上，自己编出具有新意和有结尾的故事。另外，还在适当的时候，大家一起把故事表演出来，或按照故事讲的在生活中进行重复。这样的话，同样一个主题，对孩子来讲，玩的时候每次都是新鲜的，总有他们未知、需要探索的，其兴趣自然就出来了。

　　作为父母，在与孩子玩的时候，真需要动动脑筋，想想怎么和孩子玩。玩出花样的核心，是在原来的基础上，增加一定的难度，即要有一定的挑战性，让孩子通过自己的努力，加上父母"不经意"地引导，就可以完成。当你通过玩出花样，各种知识、技能通过转换，孩子也容易吸收。

　　所以，玩，就是孩子的工作，也是你养育孩子中最重要的工作。

场景 2　会玩是一种高级学习

玩和游戏，对幼儿来说是非常重要的事情。而让孩子会玩，可以说是一种高级的学习。

1. 场景

偶尔和一群妈妈说起怎么培养孩子学习兴趣的问题，许多妈妈认为自己孩子只知道玩，同时，也为孩子没有一个良好的学习习惯和没有学习兴趣感到发愁。

我当时也不知道碰到那根"筋"，张口就说："孩子不会学习，根本原因是不会玩。别以为玩是简单的，真正的会玩，是一种高级学习。"

随后，我提了一个问题："比如玩拖拉机（两副牌升级），有几个人是真正会玩？谁能回答玩拖拉机，可以学到什么？若大家不能列出 10 种技能来让孩子学习，那你还是不会玩！"

2. 什么是玩？

实际上，许多人都曲解了"玩"。在辞海中与"玩"相关的词组，几乎是清一色的贬义词，这多少代表大家对"玩"的看法，尤其是以"玩物丧志"为代表。当然，如果只是无"心"的玩，不能从中吸取可学习的东西，不能举一反三，那是"瞎玩"，而非真正意义上的"玩"。

为什么这么说？其实，道理很简单。

要知道，成人反复说孩子的"玩"，就是孩子实际中的学习。比如玩泥巴，大家都知道这是小孩子的"玩意儿"，但玩到了极致，那就是景德镇的绝世高手，或是泥人张第二！并不比让孩子通过苦读考上名牌大学来得差。

按照一些家长的观念，打篮球、打网球、打台球，都是玩，为此耽误学习时间，是极为不值得的。可是，你玩到极致，说不准就是下一个姚明、丁俊晖、李娜。

我有一个朋友，其儿子"玩"得极其疯狂！他"玩"街舞、"玩"天文、"玩"机器人、"玩"电脑编程、"玩"演讲、"玩"植物、"玩"虫、"玩"画画、"玩"羽毛球、"玩"网球……，而学习成绩是全年级第一！北京一所排名前五的中学曾经说他可以免试入学，别人都来祝贺他，他却很淡然地说："这算什么呀，如果是哈佛免试还差不多！"

而对于我朋友，教孩子什么了？就是教会孩子学习的方法，和充分利用兴趣！

当一个孩子想"玩"好天文，没有毅力、没有数学和物理知识，是不可能实现的。而我这朋友的孩子，为了玩这些，自己已把初中的数学、物理课程自学完了。为了挤出时间"玩"，这个孩子的效率极高，同时学习方法得当。

所以，真正的会"玩"，是一种高级的学习。而如何学会真正的会"玩"，就是一种技能了。比如，许多人玩"拖拉机"，只是为了娱乐，打了 N 年，水平没有一点提高。反过来说，不仅浪费了大量玩牌时间，而且什么东西都没有学到。

这样的"玩"，才真是"玩物丧志"。而你利用打牌的时间，同时学到大量的其他技能，再把这些技能反用于学习时，我想，孩子学习效率会大幅度提高，如果再能举一反三，就可以把知识串起来了。

3. 打"拖拉机"中的 10 种教育

好了，回到文初，大家也别小看打拖拉机，玩的好的人，一定是很聪明的人，也是极其善于利用其他技能的人。所以，按照竞赛的方式玩，真是可以学到许多东西。

通过打拖拉机，可让孩子学到的技能，我认为至少有 20 种，限于篇幅列出如下 10 种，抛砖引玉：

第一，学习规则。打牌一定是有游戏规则的，不遵守规则，下次就没有人和你玩。而孩子可以通过打牌，熟悉并知道遵守规则；

第二，学习合作。拖拉机本来就是一种双人合作的游戏，不了解同伴、不与同伴配合是打不好的；

第三，学习观察身体语言。身体语言占人类沟通中的比例最高，想骗人不容易。所以，打牌高手，一定也是观察身体语言的高手，会从对手的蛛丝马迹，分析出许多有用的信息；

第四，学习短时记忆。打牌高手，一定是要记牌的，外面出过什么，大家手上还剩什么，都需要了然于心，否则就是瞎玩。而善于记住这些，就需要良好的短时记忆；

第五，学习判断局势。打牌讲究当有利时，怎么趁胜追击，当无利时，怎么保证自己的损失最小。当然，这里还有一定的赌博技术在里面；

第六，学习逻辑分析。打牌是有很强的逻辑推理和分析在里面，比如你某门花色是 A、K、10、6，且底牌没有扣这门花色。当你出A 时，下家出 2，同伴出 9，上家出 3。此时，在有对不拆的情况下，你要推测同伴有 2、3，因为对方出 9 可能是有另外一个 A，希望你继续出这门；

第七，学习决策。在打牌过程中，涉及许多决策，比如先出什么花色，该花色的第二轮、第三轮怎么出，都需要你来决定。而这些，又都需要你通过各种信息的综合判断，按照最有利的方式来解决；

第八，学习注意力集中。打牌时如果不集中注意力，你一定会出"臭牌"的，不仅会挨同伴的骂，还会帮助对方升级；

第九，学习沉着和冷静。打牌有时也是凭运气，想赢牌，就不能拿到好牌得意忘形，而拿到坏牌就沮丧。同时，遇到关键的时候，特别需要保持头脑清醒；

第十，学习观察人的性格和人品特征。打牌和生活是一样的，是什么样的人，就会打什么样的牌，其性格特征在打牌时，基本完全表现出来。

……

上面的 10 条，如果大家能在教孩子打牌的过程中，教会孩子几招，那他们将受益终身。如果他们能把这些举一反三，运用到学习中，我想，孩子一定有更高的学习效率。

所以，只有深入理解游戏的内涵，才能真正"会玩"。也只有当你玩到一定程度，才能玩好玩漂亮，这可不是容易的事情。希望大家的孩子，都真正地会玩！

场景 3　把床变成游乐场

我女儿原来不太喜欢刷牙，经过我的计谋和反复训练，她最起码知道每天不刷牙是不行的。所以，虽然不是很喜欢，但她依然会刷。当然，不时的磨蹭、找借口、糊弄也就经常发生了！看着她磨洋工，虽然着急也只好安慰自己：凑合刷两下也总比不刷的好。

1. 意外发现

但是前一段时间，令我大跌眼镜的是，每天晚上 8 点半左右，孩子就开始催我帮助她刷牙、洗脸，还说我"别磨蹭了"！此时，她不仅自己比较认真地刷牙，还允许我再替她补刷两下，更有甚者，洗漱时间从原来计划的半小时，被极度压缩到不足 5 分钟！

那到底是什么原因，造成孩子如此地主动和积极？原来，是有了奇"货"可居的床上游戏！

有一天，我收拾洗好的床单、被罩，在叠的时候，孩子就来"帮忙"。帮着帮着就让我拿被单把她裹起来，当成一个大包裹，然后开始卖小猪、卖小羊。而且还有各种姿势：露出头的，露出脚的，露出手的等。我舍了老"腰"，不停地扛着她在屋里转圈，问谁买，孩子简直就是玩疯了。我也只好忍"痛"割爱，牺牲新洗的被单了。

孩子临睡觉前，一直和我"唠叨"，说明天还要玩！我当时是随意地答到："如果有时间，我一定让你玩。没有时间，可就不能玩了。"

第二天，没想到快到洗漱的时间，孩子还真的来催我了。快速洗漱完毕后，新的一轮游戏开始了。

那天晚上，我突然想到，孩子为什么会这样？说白了并不稀奇，孩子并不是突然喜欢上刷牙了，而是有另外的强大"动力"，是由于其他"好处"的补偿，远远大于刷牙的不适！

2. 欲擒故纵

就这样，一段舒心的日子来临了。可我也在想，这个简单游戏，孩子迟早会腻的，到时候我该怎么办？既然孩子喜欢这种有趣的床上游戏，我就应该把它变成奇"货"呀！谁都会有这样的心理，越不想给你的，你越想要，欲望不能全部实现的时候，动力最大！

于是过了几天，孩子洗完澡一个人在床上玩，我便假装不经意地在床上收拾厚被子。我家的床垫子抬起来以后，底下是一个大的床箱，塞满了不用的被褥。当我把床架子支起来放被子的时候，孩子立刻开始尖叫："大滑梯！"我心中狂喜，可脸上却故作镇定状："我在收拾东西，你别过来'捣乱'，床不收拾好，咱们可没法睡觉。"

孩子哪舍得放弃这么好的机会，于是开始"巴结"我，让她玩一下"床滑梯"。开始我"死活"就是不答应，最后孩子答应赶紧洗漱，还答应给我讲一个故事！于是，我就见好就收，"勉为其难"

地说让孩子玩两分钟的"床滑梯"。孩子自然再次爽疯了，大呼小叫地都快让整个楼都知道了。

当时我想，在这个游戏被孩子玩腻和新游戏"开发"前，我会很惬意一段时间的！

当然，按照我的惯例，在与孩子游戏中，自然就要加入一些"知识"进去了。在儿童教育中，"生活即教育"应该是每一个家长牢记在心中的。如果你将之游戏化，则就是更佳了。

千万别小看这些，生活教育的根本方法就是教、学、做合一。只要家长多加留心，家庭生活中处处充满了这样轻松教育的机会。唯一的要求，就是家长要放下身段，把自己也变成小孩子，用享受的心态和孩子一起"玩中学"。

3. 巧妙延伸

那我怎么和孩子玩这个翘床板的游戏？我说几个比较典型的，希望这些可以给大家一个启发，通过我的例子，再根据自己孩子的特点和习性，一起省心、开心、顺心吧！

典型教育一：教孩子认识摩擦

玩的也很简单，换床单时让孩子直接滑床垫，或加一个床单，或加一个褥子，或加一个毛巾被，或加一个熨衣板等各种可以上床的东西，孩子反复玩了几次后，稍加提示，孩子就明白了："滑滑梯时，越是光滑的越好滑，滑得也快。"就这样，复杂的知识在巧妙引导下，被孩子自己"悟"出来了。当然，你和孩子在"滑梯"上玩滚东西，效果也是一样。

典型教育二：教孩子发挥想象力

平时孩子都在床垫子上玩，可有一次，她跑到侧面去，想看看床垫底下是什么样。刚看到黑呼呼的床箱，她就冒出一句："这里好神秘啊！"我随口接一句："像什么呢？"孩子就开始想象了，什么山洞、小房子、狗窝，又进一步发挥成：像海盗的藏宝洞，像阿里巴巴的芝麻开门，像一个扬帆的大船等。接着，我让孩子进行形容，孩子也能较准确的描述。而床箱里面的东西，自然根据孩子描述，被赋予了不同"角色"和"用途"。

典型教育三：教孩子玩情景游戏

你想，孩子已经把环境进行了"改造"和"创新"，此时，不充分利用岂不是亏了？所以，那就和孩子按照想象的"场景"，玩一个游戏吧。至于游戏怎么玩，你可以利用平时讲的绘本故事，也可以现场发挥，甚至是自己编一个。谁当导演？还能是谁，当然是孩子了。那我做什么，配角、大坏蛋、跑龙套、搬运工、灯光师……。

对了，还有最后的"清洁工"。

场景4 画盲父亲也能教画画

某次去幼儿园接孩子时，闲聊中发现有不少家长给孩子报了兴趣班，比较多的是美术。大家还问我报了没有，我说一个都没有，唯一想报的是骑术，可骑马的鞍时再加上教练费用，感觉太贵了。

1. 画盲父亲对美术的认识

说实话，我并不反对孩子学美术，这对孩子陶冶性情、美术欣赏能力、修养、结构认知、审美等多方面都是有帮助的，同时也可以培养孩子的想象力和创新意识，增强孩子的自信心、创造力，提高注意力、模仿力、形象思维能力等学习能力。

我也想有机会让孩子学，可惜，暂时还没有找到好老师。

我是一个画盲，除了读大学时机械制图曾得过优以外，几乎是白丁一个。想给孩子启蒙也难。于是，我做了一点"功课"，发现现在教美术的，有这样几个"流派"。

一是技能派，从开始就教孩子绘画技能，使家长快速看到成绩；二是临摹派，讲究临摹名画；三是自由派，主张不干涉孩子自由，不校正其作品；四是想象派，只要能激发儿童创造的想象，就不顾

196

艺术上的技能和知识因素；五是观察派，先教孩子观察对象的性质和环境，而后参考相关名作，再由孩子自由发挥。

至于是谁最有道理，本人不敢瞎说。但我感觉，好像都有一点极端，过分强调某点可能就失去了本意。完全强求孩子绘画的技能以及模仿能力，固然对孩子的想象力有损害。而一味的任由孩子自主发挥、摸索，是否也是最佳的方式呢？对此我不确定。

在儿童教育中，我比较欣赏"生活即教育"、最近发展区理念，让孩子学画画也是一样的。画画，很大程度上是让孩子增加对周围现实生活的认识和体验，最大限度的激发孩子的想象力和创造力。

既然是这样，不实际画画也可以给孩子进行艺术教育了。既然知识是相通的，不一定非要在学堂才能开始绘画启蒙，在生活中，也是可以绘画启蒙的。

所以，我"苦思"得到这样一个结论：绘画许多都是建立在观察力、审美、结构、表达上面。若这些孩子都掌握了，等到手部肌肉发展到可以精细动作时，他们自然能画出美丽的画来了。至于想象力，没有敏锐的观察力，也是一个空中楼阁。而真正的绘画技能，倒是可以等孩子大了再学。

于是，我突然间"恍然大悟"，我这个画盲也是可以给孩子绘画启蒙。而且，我已经做了不少尝试了！

2. 带孩子玩也是学画画

来说说我是怎么教孩子学画画的。

第一，培养孩子敏锐的观察力。

有时孩子自己就能捕捉到很多成人注意不到的微小细节，对此你只需稍加鼓励就可以。有一次我们去公园玩，我们桥上用面包屑喂水里的金鱼。大人觉得没什么特别，而我的女儿却大声地喊起来"爸爸快看，那有一只小乌龟，那边还有一只！"原来这个水池里真的有几只小乌龟，在和金鱼一起抢食呢。可是乌龟黑漆漆的壳和水里的大石头很像，难以分辨。我们马上鼓励孩子"你发现了我们没发现的东西"。而后，孩子又惊喜地叫着说"金鱼比乌龟游得快，可以抢到更多的食物；可是，掉在石头上的面包，就只有乌龟才能爬上去吃了"。得到了父母及时的肯定和鼓励，孩子自然更加乐于敏锐地观察世界，而发现和观察，更回馈给孩子极大的惊喜和满足。

还有些时候，我们可以对孩子加以提示和引导。比如，带孩子出去玩，看到几棵树，就可以问孩子有什么不同，是树叶不同，高矮不同，还是树的形状不同？继而可以问，为什么远处的树，看起来好像小一点，可走到近处，怎么感觉是一样大的？这种生活例子，数不胜数。

第二，培养孩子的审美能力。

这个也是在生活中随时可以进行的，你所要做的只是不断地引导。如果家长可以感知美，孩子自然会随着你欣赏美。同样出去玩的时候，让孩子从捡树叶、捡石头当中，挑出他认为最美的，并让孩子说出原因，家长再加以引导，孩子对美的感知就不会"跑偏"。让孩子接触自然界的美，是最安全、成本最低，也是最真实的。

第三，培养孩子的结构认知。

这个也不复杂，你所要做的只是在生活中随时不断地说明。比如，带孩子出去玩，看到杨树和柳树，就可以通过树的不同形状，给孩子讲树木不相同的结构。如果你遇到一些歪脖树，或是"枯木逢春"的树，那就更好了。当然，你讲树的结构时，自然会结合树的名称、类别。这种生活例子，只是你自己多观察就能发现。

第四，培养孩子的表达能力。

绘画也是一种表达，在某种程度上和语言是很接近的。如果孩子的语言表达过关，自然知道如何去用各种方式"表达"。比如，带孩子出去玩，看到几棵树，你就可以让孩子用语言或身体语言来描述一下，如果孩子前面三条掌握得较好，那么孩子一定会活灵活现地表达出这棵树的特点，或能够用身体来呈现这棵树，自然对树的结构、美感有所掌握。

第五，带领孩子去解读大家的经典作品。

世界上所有美的东西都是相通的，不论是绘画、音乐、雕塑、建筑，也不论是哪个国家的。真正得以传世的巨作，不仅有强大的表现力，更有大师的思想。孩子也许不会一下子就被某幅世界名画所吸引，但是经常、反复地接触大师级的艺术品，会让孩子耳濡目染，不断地得到熏陶。

我曾带孩子去美术馆看过馆藏精品展，孩子虽对张大千、李可染等大家名作无甚兴趣，但却被雕塑作品深深地吸引，还在一尊少女雕像前，转着圈来回看了很久。雕塑更加立体、直观，符合这一年龄段儿童的特点。家长则可以放松心态，一方面为孩子创造更多的机会接触优质、经典的艺术品，另一方面，无需急于要求孩子的"产出"。我们只需相信，长期被美好事物熏陶的孩子，一定会有越来越高的鉴赏力，也一定不会流于庸俗之辈。

也许专业人士听我说了一大堆，会拍我几个"板砖"。不过我倒是想得开，就算上面我做的这些和绘画毫无关系，我也是不吃亏的！因为这些知识和体会，早晚也要传授给孩子，也是孩子必须要学习的。孩子能培养出这些能力最重要，不必拘泥于是否对绘画有帮助。

场景5　绘本的非常规演绎

我想，许多父母对绘本《大卫，不可以》一定不会陌生。对于这本书，说老实话，刚买来我也很头疼怎么给孩子讲。

1. 《大卫，不可以》简介

书中的大卫，是一个调皮捣蛋、让家长头疼的小男孩，而妈妈，则是一位话语简短、看似粗暴，但又对孩子充满爱的母亲。大卫最常听到的话就是"不可以"，书里用图画还原各种生活情境，列举出妈妈禁止他做的事。

个人感觉，此书如果给孩子照本宣科地讲，恐怕效果有限，甚至还可能误导孩子，让孩子们从这本书中找到认同感，明白"玩"还可以这样做。这恐怕是每个家长不愿意看到的事情吧。

我先谈谈此书的优点：一是画面非常接近孩子的画，让孩子非常喜欢；二是孩子做"错"很多事，但妈妈依然爱孩子；三是孩子做的事情，与自己的生活中几乎没有两样，让孩子有很强的共鸣感。

我再说说此书的缺点：一是视角不好，都看到孩子调皮、捣乱的一面，没有看到孩子的长处；二是管理上简单粗暴，都是以"指责""命令"的口吻来说；三是限制了孩子自主发展，在一系列"不可以"的命令下，不能做到"我能行"；四是妈妈对孩子的所作所为，感到愤怒和不耐烦，总觉得给自己又找了许多事情。

记得我夫人第一次讲的时候，孩子很困惑，也不喜欢。后来我想了想，为什么会是这样。当我仔细读完，就基本有了答案。当再给孩子讲的时候，孩子就笑了。下面以第一页为例，说明我是怎么给孩子讲的。

第一页介绍：

大卫两只脚的脚尖，踩在一把椅子的边缘上，身体倾斜，左手抓住壁橱的边，右臂向上高高举起，伸开五指，去拿壁橱最上层的饼干桶，而椅子和壁橱远离得很远突出的是大卫的脸部表情，他紧抿着嘴，舌头舔上嘴唇，两只眼睛紧盯饼干桶，一副不达目的决不罢休的模样。画面上没有妈妈，只有妈妈说的一句话："大卫，不可以！"

2. 一般家长的讲法

大卫趁妈妈不在的时候，站在椅子上，去偷吃饼干。你看，大卫那个馋样。可是，你有没有觉得这样做，是多危险呀，要是摔了，妈妈多担心呀。你说，大卫这样做，好不好呀？

大家想一想，当孩子听到你这样讲的时候，他们有什么感觉？我想，每个孩子都会引起共鸣，非常羡慕大卫可以这样玩。也许，你的噩梦真的要来了，你要永远跟在孩子的屁股后面喊"不可以！"。作为孩子，他们想的就是玩自己喜欢的，要感觉到自己能"行"的力量。

另外，大家回想一下自己的童年，是不是许多人都是伴随着妈妈这类训斥长大的？现在我们的身份变了，那为什么总把我们当初不愿意的事情，反过来去限制孩子？是怕孩子有坏习惯？可习惯不是约束出来的，是孩子通过模仿我们的行为而养成的。是怕孩子受伤？可孩子不学会自己保护自己，你会永远操心的。

所以，我感觉，作者想让每一个成人透过大卫，看到他们自己的童年。

3. 我的引导式讲法

在女儿三岁时，我是这样给她讲的：

"你看，这个柜子最上面放了一个饼干桶，小哥哥在干嘛呀？"

"他去拿饼干桶。"

"他够得着吗？"

"够不着，但站在椅子上就可以。"

"对呀，要是你也够不着一个东西，你怎么办呀？"

"我也搬个凳子！"

"好！可你看见没有，小哥哥危险不危险，他会自己保护自己吗？"

"我不知道。"

"来，咱们去搬个椅子，你也试试。"

此时进入实操阶段，我女儿兴高采烈地去推了把椅子到厨房，然后按照图示，进行模仿。

"发现问题了吗？"

"按照小哥哥的样子，好像拿不着，还会摔跤。"

"对喽，那你把椅子往前移一点呢？站在椅子中间试试。"

"拿着喽！爸爸，快给我讲下面的吧！"

"知道怎么自己保护自己了吧？是不是要先站稳呀？"

"是的。"

"对了，你想吃东西之前，要和爸爸打招呼哦。"

"好咧！"

……

现在看看就讲了这一页，孩子知道了什么：

● 可以爬高，但要自己保护自己；

● 发现问题所在，知道怎样正确使用工具；

● 明白了自己动手可以解决实际问题；

● 锻炼自主能力，知道自己能"行"；

● 完成任务，获得成就感；

● 吃东西之前要先问家长。

对孩子教育不能生搬硬套。这个绘本实际上说的是孩子界线问题，而我们家规则不多，除了对孩子有生命危险的，一般都不限制。

当我讲完此书，女儿受到了不少启发，包括如何使用工具，知道怎么玩水，发现原来饭锅还可以这样玩，以及怎么进行创意。同时，也知道了玩过泥巴回家先洗手，知道了不挖鼻孔，知道了不能在家里扔硬的东西。因此，给孩子讲绘本，完全照本宣科是值得商榷的。

而对孩子的"不良行为"与坏习惯，不是靠坚决制止就可以达到目的，什么时候该对孩子说"不可以"，或怎么说"不可以"，家长需要三思。我们对孩子做的任何事情，不要过多地阻止，应多从积极的角度进行分析和给予正确的引导，鼓励和表扬孩子的探索精神，遇到挫折，也要让他们从中吸取教训。

最后，需要提醒各位的是，当孩子有登高等危险行为时，要马上主动站在旁边，不需要过度的鼓励，也不要贸然阻止，而是由孩子自己判断，并决定是否继续爬高。家长也不用不停地提醒他该怎样做，把这些都留给孩子自己去探索吧。不过，永远要让孩子知道，父母就在这里保护你呢。如果孩子学不会自我保护，那将来一旦摔了，恐怕就是大跟头。

场景6 遍地都是好教具

在谈这个话题之前，先说几件生活中发生的趣事：

趣事1：

某天，三岁女儿两手拽着一根绳子，又把一个衣架挂在上面。我"漫不经心"地让衣架在绳子上滑动，问她为什么衣架会滑。孩子想了想说："因为一头高，一头低"。随后我又给她演示了怎么让衣架滑得更快。稍微提示后，孩子很快就明白了，绳子的一头越高，衣架滑得越快。所以，后来当带孩子下楼遛弯、孩子想去玩滑梯时，就会和我说："我爬那个高的滑梯，这样我就滑得快。"

趣事2：

我带女儿到游泳池进行"泡水式"游泳，她喜欢玩水，可又有点害怕。给她的胳膊套上充气圈，还仍然死把着游泳圈不放手。我看见旁边稍小一点的小男孩，套着手臂充气圈浮在水面上扑腾。我鼓励女儿像那个小弟弟一样在水里玩，可是她仍然不肯。我没强迫她，而是换了一个游戏和孩子玩：让她站在游泳池的阶梯上，我离她一臂的距离，让她自己跳进我怀里。果然，孩子立刻觉得放松了，每次跳下来都咯咯大笑。小男孩被这个游戏吸引，也要求他爸爸陪他玩同样游戏。两个孩子一起，快乐地重复这个游戏，直到我的女儿在不知不觉中，就学着小弟弟样子，独立在水里扑腾了。即便是喝了几口水，也还是兴致勃勃地玩个不停。

趣事3：

某天，我问女儿在幼儿园玩了什么好玩的游戏，她回答说玩了"猫和老鼠"的游戏。幼儿的那些游戏，大家猜也能猜到是怎么玩。可我说不会，你教教我好不，我女儿答应了。等到了晚饭后，开始遛狗"遛"孩子时，孩子就要玩这个游戏。刚开始，孩子对规则描述得不是很清楚，而我就故意使坏、专门钻空子。只要孩子批评我做的不对我就要赖说她没有说过，于是我女儿马上补充规则。最终经过三五个回合，规则总算完整了。

趣事4：

我女儿到了喜欢模仿的时期，有一阵子特别喜欢玩卖东西和买东西游戏。有一次晚饭后，她拉着妈妈一起玩到超市购物的游戏。她先制订了一个购物清单，然后拿完一样东西就往"购物车"里面一丢。当她从"货架"上取下一盒"鸡蛋"，也是做了个往购物车里扔的动作。我马上提醒她：你这样扔，不就把鸡蛋摔碎了么？听了我的提醒，她马上又重新重复了一遍这个过程。再往后，她自己就变得很仔细，把真实场景中的每一个微小细节都给演示出来了。当妈妈用信用卡结账付款后，刚想把信用卡放回钱包，孩子马上提醒：妈妈，你还没在小纸条上签字呢！孩子通过观察，体验到事物和行为的秩序，对她的思维是一种良好的训练。

上面几个生活点滴其实很简单，这就是教育大家陶行知先生主张的"生活即教育"。他认为"生活与教育是一个东西，不是两个东西"，"生活教育是以生活为中心之教育"，"过什么样的生活便受什么教育"。

对幼儿的教育而言，家长不能拘泥、局限于纯粹的知识学习，而是把教育引向社会、生活，让生活的一切都成为孩子学习的来源。让孩子领略到丰富多彩的世界，在使孩子获取大量的信息、知识的同时，也使孩子充分享受学习的快乐，唤起孩子主动学习的信念。

从另外的一个方面讲，这也是孩子社会化的过程。孩子以自己的方式来理解世界，从而看到事物的不同方面，使自己的认识更加深刻与完善。这样就把一个知识学习过程，变化成认知、态度和情感的综合教育过程。

所以，孩子的学习应该串联起来，比如画画、语言表达、自然知识，可以很好地有机结合。这不仅要学习知识，还要会运用知识，这才能使他们智力得到充分发展，能力得到有效的提高。而"先理论后实践"的分割做法，都是没有学以致用。这样做的结果，非常可能是孩子虽然考试成绩好，却没有实际解决问题的能力。

想做到这点其实也不难，就是不要把孩子"榨干"、把他们的时间都塞得满满的，要给孩子独立思考的时间。同时，孩子应带着兴趣在实践中消化所学。比如，孩子正在家弹琴，此时下雨了，那我们就可以及时带孩子到雨中去，去聆听大自然的声音，让孩子发现和体会"雨的旋律"。而此时的你，如果有能力，顺势去解读某首和"雨"相关的乐章，其效果远不是孩子靠想象可以认识到的。

回到开头的几个小例子，这些所谓的"趣事"，其实都是教育、学习、实践紧密结合的，并没有严格的分割。孩子可以在真诚、开朗、率真中体会学习的快乐，在兴趣的引导下自我发展。

场景 7　数学启蒙不求人

最近一些朋友，不是说自己的学龄前孩子不爱学算术、怎么教都没有兴趣，就是说自己的孩子在算术方面不开窍。而家长也试了很多方法，把自己都搞烦了，感觉孩子还是"油盐不进"。于是这些父母，心中就开始七上八下了，各样的担心也纷沓而至。

1. 场景

一位母亲曾经说：女儿要入学了，虽然也会 10 以内的加减法，但每次都要算很长时间，甚至还要伸手指头算。而幼儿园老师出的加减法题目，都是好大的数！我让她列竖式算，可感觉她好像根本没上心。我感觉挺难过的，可能也是我平时没怎么引导吧，现在有些不知所措了。

在上面的描述中，我来给大家分析一下，看看这位妈妈都出现了什么情况：

● 会 10 以内的加减法：这说明孩子还是会简单算术的；

● 每次都要算很长时间：对成人而言，$8+9$ 你要 5 秒才能给出答案，当然是慢。若刚学的孩子用 5 秒，应是正常的。当

209

然，慢，可能还有其他因素影响，如情绪、兴趣、当时你的
态度、身体语言；

● 伸手指头算：这是孩子的必经之路，没有什么问题；

● 列竖式：还没有学会走，就想跑了。列竖式好像是小学二年
级的事情；

● 她好像根本没上心：为什么？是没有兴趣？是孩子不会？还
是被强迫？

● 我平时没怎么引导：不是没有引导，应该是引导多了、
偏了。

仔细想想，其实挺"同情"这些父母的，由于把玩和学习严格
对立，导致在教育孩子时，经常不知所措。而家长的"引导"基本
是灌输，再加上言语、身体语言、棍棒的恐吓，使孩子在惧怕的同
时，也丧失了学习兴趣和积极性。

2·用"玩"的方式来学习

所有家长都知道"寓教于乐"，可现实生活中孩子却体会到学习
的"痛不欲生"，反差之大，令人惊奇。好的教育，是让孩子在不知
不觉中接受。也就是说，当一个孩子在日常生活中，或在"玩"中，
根本就没有感觉到是"学习"的时候，他们已经学到了许多知识。
生活就是学习，玩也是学习，更是一种智慧的学习。

另外，许多家长太爱单科教育了。比如讲算术时只讲算术，学
汉字就是学汉字，这就导致孩子很快明白"学习"是非常枯燥、乏
味、高重复的"劳动"，由于想偷懒是人的天性，所以自然表现出
"无兴趣"了。所以，对于幼儿的教育，应该是一种生活化的、多方

面的教育，而形式也是天天变化的，这样对孩子的吸引力最大。

其实，数学在生活中无处不在，这些丰富的资源可轻松地让孩子喜欢上数学。一旦孩子能快速"学以致用"，其进步是你不可想象的。只是家长要按照孩子的语言、心理、智力的实际情况进行教育，不能过分超前。对儿童的教育教学必须以生物成熟为前提；又要走在心理机能形成的前面。

那怎么来让孩子学算术？就是让孩子在生活中学！生活中牵涉到算术的地方太多了，孩子在引导下自然而然地学会数学，并且还充满乐趣。当然，你一定要明白，这是一个漫长的过程，基本上要从 1 岁半开始给孩子讲不是算术的算术，就是孩子基本能用语言进行初步交流的时候。

𝒥·数学启蒙四步曲

从大的步骤上看，数学启蒙应该有下面的四步：

一、孩子学数学，最基础的一步是掌握数字。

这是非常重要的，不能掉以轻心。假如孩子对数字理解有误，必将影响到后面学习。而想做到这点，不应该上来就教孩子数数，让孩子数数一定要先通过生活进行引导。比如较好的方法是：走楼梯或台阶时，自己数数，孩子听就可以；给孩子吃的，如水果、花生，要一个一个的给，同时你数数；玩积木、串珠子……，与此类似。

需要注意的是，此时无论什么原因，不能混淆孩子对数的理解。我经常看见一些妈妈，因为孩子不吃饭，然后就说"最后三口"或"最后一口"，可实际上，却是一口接一口，这对孩子理解数字，会有认知误区，导致孩子需要二次认知。同样例子可以举出许多，基本发生在哄骗孩子的时候。

当孩子慢慢习惯跟着你数数的时候，就可以让孩子自己数了。若孩子能非常熟练数到 10 时，就可教孩子认识数字了。此时，你要抓住一切机会让孩子对数敏感，比如指认公共汽车的路数，电梯中楼层变化，商场标签等。同时，对数数的深化也要加强，比如，让孩子给你拿"几个"东西，讲故事时让孩子数东西或动物。

在这个阶段，也可以利用扑克，和孩子玩比大小了。我女儿 2 岁多的时候，我就搬出扑克"法宝"了。与孩子玩也很简单，就是比大小。牌洗好，一人分一半，然后同时拿出一张，谁大谁赢走牌，一样大则各自收回。对此，孩子玩得是不亦乐乎，对数字基本是记住了，且打乱顺序，也知道哪个数是大了。最后玩的结果，每当孩子要吃的，我说吃 1 个，孩子就说 3 个，我说 3 个，她就说 5 个！运用上从来没有错，自己知道什么"数"多了。

二、孩子想学好数学，很关键一步是掌握量词。

在汉语中，量词是很特别的，有些人数学不好，就和其量词的掌握不到家有关系。所以，对孩子进行量词教育一定要准确。孩子通过数和量词的组合，就可以学到许多知识，既增加了对数的兴趣，也对分类有了初步的了解。这也为下一步的语文式算术打下基础。比如，带孩子出去玩，遇到鸭子和大马，我一定会近距离去看。同时会对孩子说得非常清楚，一只鸭子和一群鸭子，一匹马和数匹马。

在这里，我想到一个反面的例子。有位姥姥，说什么都爱用"弄"字，什么"把菜弄一下""弄好玩具""弄好蜡笔"等。"弄"，在说话时，代替了许多的动词，也省略了量词。其结果，孩子说出一个鸭子、一只马，也就不离奇了。当你想纠正孩子"错误"，可能需要较长时间了。

三、孩子想学好数学，最重要的是掌握语文式算术。

当孩子已经熟练掌握数数和量词，家长就可以进行语文式算术。所谓语文式算术，是我"发明"的术语，就是使用中国话进行算术。其核心就是让孩子完全明白你说的意思，并进行简单推导。由于幼儿认知发展的局限，直接接触抽象数字运算是有难度的。但幼儿期是语言学习的高峰期，大量的母语词汇、语法、句式，都是在这个阶段学习的。所以，可以根据其语言的学习，在其中加入数学的概念。

我经常看见一些父母教孩子算术，总是感觉孩子慢半拍，这很大原因就是孩子在计算时需要先"翻译"一下。比如你刚学英语的时候，看见一件东西，先想到的是中文名称，然后转换成英语，最后才能说出来。所以，我们在日常生活中，需要经常按照生活语言的方式来对孩子说。当孩子养成习惯后，就无需再"翻译"了。

初期，你可以对孩子说："给你一个樱桃，再加一个，一共给你2个樱桃。"或"一共给你2个樱桃，先给一个樱桃，再加一个。"同样的例子可以举出许多，都是生活中的小事，差异只是你采用了"算术"的说法。孩子通过这些例子实际上就在学习算术，而这些都是他们可以理解和明白的。随着你这样说，孩子会模仿，同时也理解数数和物品之间的关系。

中期，你就需要问孩子了，比如你可以对孩子说："给你一个樱桃，再加一个，一共给你几个樱桃了?"孩子会很自然地反应过来，并告知准确答案。孩子通过这些说法，已经在练习加法了，只是他们没有学正式算法而已。需要特别提醒的是，千万不要利用复数量词来引导孩子。比如失败的例子是，问孩子："给你一把花生，再加一把花生，一共给你几把了？"孩子遇到这样的问题，99%就晕了。

后期，引入减法。一般情况下，此步需要谨慎，必须是孩子对10以内的加法，已经很熟练了。大方法基本同前面。

四、孩子数学学得好不好，最简单考量方式就是口算。

当前面的"练习"，孩子已经比较熟练的时候，你就要慢慢脱离实物了。比如，当眼前没有樱桃的时候，你依然可以问孩子上面的话。尽管此时孩子眼中已经没有了实物，他们还是可以正确回答你的提问。随着这种练习的熟练，你就需要再减去物品名称，但是量词一定先不能"抛弃"。如对孩子说："一个加一个，一共给你几个了？"

等孩子已经非常熟练地进行算术时，量词就可以逐渐被淘汰了。对孩子来说，已经是纯数字运算了，唯一的差别是，孩子还没有正式按照标准数学算式进行。此时你就可教孩子一些计算的技巧了。为了加深孩子的计算能力，玩扑克牌就显得很有价值了。

场景 8　最好的玩具不用买

许多家长一直有一个比较大的困惑，即不知如何给孩子选择玩具。是买高档的还是益智的？也许你精心挑选带回家的玩具，孩子却没有太大的兴趣。

孩子的世界，注定是不能缺少玩具的。玩具，是打开孩子智慧天窗的工具，它让我们的孩子更加机智、聪明。简单说，是用于"玩"的器具，它不只限于商店卖的，凡是儿童可以玩的、看的、听的和触摸的东西，都可以叫玩具。

所以，用心的父母，知道大自然制造的神奇万物才是最能吸引孩子的东西，在生活中会把树叶、泥巴、饮料瓶、日常用品等，都当作玩具。从这方面讲，玩具只是一个帮助孩子学习的道具，与玩具的价格无关，不是越贵越好。当然，如果家长有能力，能教会孩子自己制作玩具，哪怕是很简陋的，只要是自己动手做的，孩子都会格外珍惜！

需要说明的是，孩子最需要的，其实是大人的陪伴。和外面更加精彩的世界相比，玩具只是孩童世界中的很小一部分，或者说是一个媒介。高质量地多陪孩子，可以让孩子感觉到身边所有的东西都是自己的玩具。

0—2 岁

成长特点：这一阶段的主要发展任务是获得信任感，克服怀疑感。父母的作用，更多的是充分给自己的孩子"爱"，让孩子有较高的安全感。这个阶段，还可以细分为 0—6 个月、6—12 个月、1—2 岁三个小阶段。

对 0—6 个月婴儿：

孩子还不会坐，主要是手的抓握动作，是在练习手眼配合、视听协调。有父母陪在他的身边是最好的，这比玩具重要。这个时期的生理特点是生长发育快，神经、感官发育迅速。

最佳玩具：不花钱

1）父母的手指：让孩子抓玩，训练反应极佳；

2）洗澡时的小毛巾：增加孩子的安全感，同时适应手的运动。

辅助玩具：少量花费

1）颜色鲜艳、晃动或挤压可以发出声音的玩具：用于辨色、吸引注意力、眼睛和声音的配合；

2）会转动、手可以抓的风铃类玩具：适应手、眼的配合运动。

对 6—12 个月婴儿：

孩子开始坐、爬、行走，行动由被动逐渐转为主动，即与人增加了交往，也扩大了自己的认知范围。让孩子用手摸，并体会手上感觉，用眼睛看有色彩的东西，用口尝玩具的味道。此时孩子对玩具没有太多需求，最感兴趣的还是父母。另外，通过大量的户外活动，让现实世界吸引他的注意力，这比玩玩具要好的多。

最佳玩具：不花钱

1）孩子自己的手指、脚趾：千万不要制止，就当没有看见，保持干净即可；

2）水：洗澡时多让孩子玩一会，大一点给小碗、小杯、漏斗、矿泉水瓶子；

3）爬：经常把孩子放在地上，引导其到处爬；

4）家里任何可摸的东西：只要是孩子身边的、没有危险的，随意摸；

5）能生吃、适合孩子手拿的蔬菜、水果，一定要真的，否则会让孩子有二次认知麻烦。

辅助玩具：少量花费

1）会动，能吸引孩子爬的东西，如彩色球；

2）能发出声响的各种玩具。

无意义玩具：浪费金钱

1）智力玩具：过早接触没有好处，此阶段主要是感觉发展；

2）训练孩子行走的玩具：要让孩子自己走，摔跤是正常的，保护好头部即可；

3）DVD、多媒体早教机：视觉、听觉污染；

4）各种音质不好的电子发声玩具：绝对的听觉污染。

对1—2岁的婴儿：

孩子已会行走，发展的重点是手部精细动作、认知能力、言语能力。孩子主要是形象、视觉感知，最热衷于真实世界的东西。他通过观察大人都在干什么，不断模仿来学习。家长要放手让孩子接触真实的事物。

最佳玩具：不花钱

1）大自然：这是最好的认知，如野草、野花、小鸟、树叶等。

2）水：玩水可以增加孩子感知，多准备矿泉水瓶、漏斗之类的东西。

3）沙子：建议直接使用生活中的用品，条件具备的家庭，可以用大米在家做沙池。

4）日常生活用品：只要没有危险的，如儿童餐具、锅、杯子，鼓励孩子触摸、玩。

辅助玩具：少量花费

1）积木：训练孩子运用两只手，让他们叠成多种不同的形状。

2）彩色卡片、绘本：开始讲一些非常简单的故事，但不要通过绘本来认识动植物。

3）看动物：到郊区去看牲畜和鸟，让孩子去喂、触摸。动物园除水族外，都是关在笼子里面的，少看。

4）球：让孩子踢、扔球，对身体、视觉的协调极有帮助。

5）拖拉玩具：拉着会走动的"动物"会让孩子着迷，这比电动玩具车有启智作用。

无意义玩具：浪费金钱

1）非感知类的早教教具：过早对孩子进行知识教育，事倍功半，如识字卡。

2）益智玩具、拼图：孩子对自己不易掌握的玩具，玩起来会有挫折感。

3）看 DVD 等：绝对不建议看。

2—4 岁

成长特点：这一阶段的主要发展任务是获得自主感，克服羞耻感。这个时期孩子语言和动作能力明显提高，开始拥有自我意识。同时，孩子会出现恐惧感和第一反抗期。开始有个性表现，已能表达自己的喜爱和厌恶。能分辨色彩和形状、知道音乐节拍、知道前后左右、会扮演角色游戏，会编简单的故事。

最佳玩具：不花钱

1）大自然：这是最好的认知，如野草、野花、小鸟、树叶等；

2）养小动物：可以充分培养孩子的爱心、责任心，同时提高孩子的观察能力；

3）种植物：可以对一个生命周期进行细致观察；

4）沙子、泥巴：让孩子发挥创造能力，把沙堆砌成各种形状；

5）家务：参与淘米、洗菜、擦桌子、洗小手绢，例如，把洗碗当成奖励，可对孩子来说，这是非常好玩的事情！

辅助玩具：少量花费

1）积木、拼装玩具：这个阶段可利用积木，训练孩子的空间概念，以及想象力。

2）绘本：可以讲相对复杂的故事，多让孩子在绘本中找到自己认识的物品，前期利用绘本中的对话，让孩子说下一句，后期还可以让孩子复述故事。

3）看动物：依然坚持到郊区去看牲畜和鸟，让孩子去喂、触摸。

4）玩具车、自行车：幼儿已能基本控制自己身体的各部位，可以驾驶"小车"了。如果还能载上他们的一些小玩具，兴趣更高。3岁以后，可提供自行车。

5）橡皮泥：这对孩子的动手能力、想象力的发挥有帮助。

6）玩偶、角色游戏套件：孩子已经开始模仿，通过与玩偶的互动，可以模拟家庭、性别角色，学习社会化的能力，如拿玩具和孩子一起编故事、演戏。

7）简单拼图：最好控制在 10 块以内。

8）数字贴块：可以让孩子认识数字，以及认识在外面经常看到的汉字，不要刻意。

9）笔纸：让孩子涂鸦，充分发挥想象力，并让其描述。

10）艺术解读：到博物馆、美术馆等地，让孩子接触到很有美感的东西。

无意义玩具：浪费金钱

1）复杂的拼装、套装玩具：这个阶段孩子还没有这样的能力，基本都是家长做；

2）复杂的益智玩具：孩子对自己不易掌握的玩具，玩起来会有挫折感；

3）算数玩具：学 10 以内的加减法等；

4）各种兴趣班：除以运动为主的以外，其他对孩子的智力发展基本没有用处；

5）看 DVD 等：不建议看。

4—7 岁

成长特点：这一阶段的主要发展任务是获得主动感，克服内疚感。此时孩子已有了自己的主见，是培养多种兴趣的最佳时机，如唱歌、跳舞、乐器、绘画、外语等。孩子的体格发育继续增长，但仍有轻度的手脚不灵活，有粗心及不安静等特征。所以，应锻炼孩子的动作协调性。

认知方面，可以加强记忆力和注意力的训练等，如学习按特征排序和分类、认识时钟、判断方向，并能用画画表达。5 岁以上可以训练带表情和有声调地讲故事，学习写汉字，培养阅读能力。6 岁进一步加强培养孩子的科学观察能力，多做一些增强注意力和记忆力方面的游戏，如拼图、走迷宫、下棋等。

针对这个阶段的孩子，家长需要根据孩子的兴趣，提供大量"玩具"。只是要和孩子一起玩他喜欢的玩具，如果选择玩具的目的性太强，父母就会有预期，机械的训练只会让孩子烦躁。

辅助玩具：不花钱

1）大自然：继续强力推荐；

2）养小动物：继续强力推荐；

3）种植物：继续强力推荐；

4）家务：已经可以让孩子做较复杂的家务，如扫地、择菜等，只是别强迫，要采取游戏的方式；

5）演戏：利用家长的衣服、生活用品一起编故事，并表演出来。

最佳玩具：少量花费

1）大量绘本：培养孩子的阅读能力，以及注意力的训练；

2）手工：如剪纸、折纸、贴纸、立体手工、树叶画、自制玩具，这些能帮助孩子的动手能力，以及思维意识、创造力；

3）自行车、轮滑：稍微大一点的孩子可以骑两轮自行车和玩轮滑；

4）风筝：既接触自然，又让孩子在玩乐中了解知识、发挥想象力；

5）科学玩具：如放大镜、望远镜、磁铁等，有条件可为儿童设实验室；

6）拼图、迷宫：已经可以相对复杂的，训练孩子的注意力和思维推断能力；

7）兴趣班：这需要家长的引导，也需要看孩子的兴趣。

场景9　"家务活"游戏

孩子在家里，一定要有相当的东西玩。你有没有发现，除了孩子睡觉，其他时间几乎没有闲下来的时候。这也是许多带孩子的家长，感觉非常累的地方，甚至抱怨连上厕所的时间都没有。因此，许多父母总是觉得孩子多动，其实这是父母不知道怎样教孩子去玩。

1. 场景

许多爸爸妈妈都遇到过这样的场景：

在家的时候，一边要做家务，一边还要照顾孩子。经常是做事时孩子来故意捣乱，每天都有筋疲力尽的感觉。所以，一些家长为了避免孩子帮倒忙和打扰自己，不是吆喝着叫其他人把孩子领走，就是拿出零食、玩具让孩子自己呆着，或者干脆让他看电视。

这样做，会让孩子认为一切家务活都是父母的事。另外，将孩子驱离你"工作"的现场，会让孩子失去对家的关心。孩子有兴趣时家长不鼓励，等你希望他们参与家务时，却发现孩子参与意愿非常低。现在许多小夫妻，都不愿做家务，就是儿时被父母养成的"习惯"，认为麻烦、又脏又累。

孩子到了两岁以后，就喜欢模仿大人的举止，这个时候你让孩子"掺和"家务，不仅可以增加孩子做事能力和责任心，更是帮助孩子成长、开动脑筋的最好机会，对孩子的启蒙教育，起到事半功倍的作用。所以，父母可以依孩子年龄，试着让孩子学习做家务，或许会有意想不到的收获。

2·让孩子痴迷"家务活"游戏

但让孩子参与"家务"，也是有许多技巧的。这同样需要家长耐心及周详计划，当孩子能"自发"地去做，才是真正意义上达到教育的效果。有时你"引导"的不好，就变成了强迫，孩子就会丧失积极性。

什么是让孩子参与家务的核心呢？那就是游戏！对于孩子来说，他的生活就是游戏，乐趣也全部来自游戏。所以，做"家务"也要让孩子感觉是在做一种"游戏"，并从中获得乐趣，这样未来他也不会认为做家务是"痛苦"的事情。当有一天，孩子把学习也当成"游戏"的时候，你就偷着乐吧！

当然，在玩家务活游戏时，家长也需要注意几点的：

第一，孩子小，千万别拿成人的标准来要求孩子，也别指望孩子有很强的耐心和"高超"的完成能力。对初次参与的孩子，不要讲过多的流程和要求。比如择菜，参与是第一位的，择菜质量不重要，也就是说，什么长短、大小不重要。再比如淘米，玩水是重要的，至于淘的干净不干净，等回头再说吧。

第二，孩子的乐趣最重要。父母有智慧地引导孩子学习，可让孩子在游戏中快乐学习做家务。比如收拾不怕摔的玩具，就找两个大盒子，你和孩子比赛，往里面"投掷"，看谁投中的多，这是孩子非常喜欢的。当然，这是可以扩展的，什么擦桌子呀，扫地呀，收拾衣服呀，都可以类推的。

第三，家长有时候需要故意示弱。若孩子和你每次比做"家务"，赢的都是你，孩子自然会失去乐趣。比如叠衣服时，假装将衣服没叠好，让孩子帮你重新叠一下，你暗地指导。当孩子为了表现自己，证明自己做的事情比父母做得还好时，你就成功了。这无形中，培养了孩子的做事认真的态度和严谨的处事习惯。

第四，家长要在平常生活中多"请求"孩子帮助。例如在生活中不"经意"地要求孩子帮你做事情，只是别太刻意。而且要让孩子知道，他做的每件"小事"你都看到了。比如，可让孩子分发碗筷、拿拖鞋或递物品，或让孩子给你"穿"衣服。假如收拾床，就可以和孩子分边收拾，进行比赛，最后互相检查，看谁完成得最好、最快。

第五，要巧妙利用，引导到其他方面的教育上。孩子 3 岁以后，其逻辑思维刚开始发展，开始懂得像分类、比较等一些常识。比如收拾衣服，可让孩子将同样式、同颜色衣服叠好放在一起。只是你加这类知识时，不要刻意追求效果，要慢慢来。

最后，家长别怕场面混乱。在做家务"游戏"时，孩子初期肯定越帮越忙，把现场、身上搞得一塌糊涂。所以，你一定要耐住性子和多容忍、不责备，尽可能通过自己示范进行暗示。

当你们"玩"完后，事情并没有结束，一定要引导孩子知道，最后的场面收拾，也是游戏中的一部分，这样最能达到教育效果。

你想不想去尝试一下？也许，你和孩子之间，新的乐趣就产生了。当然，无论孩子做得如何，别忘了给予他赞美和鼓励。

场景 10　这样给孩子选玩伴

幼儿不仅需要父母陪伴，而且也需要有玩伴。玩伴有成人，也有同龄人，但同龄玩伴才更能让孩子体会玩的乐趣。当同龄孩子在一起玩时，他们会玩得更疯、更无拘无束。所以，作为家长要鼓励并帮助孩子在幼儿园同学、亲朋好友以及邻居中找玩伴。

当孩子从小有一个良好玩伴，在与其他孩子接触后，对社会观察的主观性将很强，同时人格也会健全。这对未来孩子走进学校，在学校适应方面、学习方面，都会有极大帮助。

也许有些家长不知道该如何为孩子找一个玩伴，那就按照下面的流程，大家在不拘泥的基础上，再加上自己的想法。

一、准备阶段

在你为你孩子找玩伴之前，需要判断你孩子是什么样的。要知道，孩子玩伴是互相的，你的孩子也是对方玩伴。所以，孩子一定不能有太强的自我中心感，性格相对温和，不打人。

二、侦察阶段

这个阶段很重要，也是你是否真的能给孩子找到玩伴的关键。你首先要留意周边孩子的家长，对成人和孩子同时进行考察，看他们是否满足下面几个条件：

● 对方家长不怕孩子脏，允许孩子玩土、玩沙子；

● 对方家长不爱炫耀自己的孩子；

● 对方家长不会对孩子指手划脚，对孩子不生硬刻板；

● 对方家长通情达理，不是多事的人；

● 对方家长不怕孩子玩的时候，把家搞乱，这可通过谈话获得信息；

● 对方孩子和自己的孩子玩得来，自己孩子不反感对方；

● 对方家长能管住孩子，而孩子也服管；

● 对方孩子年龄适当，与自己孩子相差不超过 3 岁。

三、发展阶段

这个阶段主要是磨合双方家庭，同时继续观察对方是否值得继续交往。一般情况下，出于中国人的面子关系，你首先对你心仪的目标对象提出邀请，如一起出去到某个地方玩，或借口孩子在一起吃饭就吃得多，让对方家长带着孩子到自己家来，给孩子们做丰盛多样的餐食。

需要注意的是，有时对方不会上来就答应，要多次邀约，同时提醒孩子向对方的孩子提出邀请。当对方和孩子来了以后，你也要注意下面几个问题：

● 继续观察对方家长的态度，看是否太客气；

● 继续观察对方孩子，看是否有较大的问题；

● 孩子们在玩时，难免有小矛盾和纠纷，打架、争吵等，不要过分理会；

● 把你的大床收拾出来，允许孩子到上面折腾；

- 为了尽可能避免孩子抢玩具，单一玩具先收起来，准备有同类的玩具；
- 孩子们玩的时候，大人尽量不要围观，可以在客厅的另一端或另一个房间自己聊天；
- 准备点小玩意，如贴纸、你做的折纸等，孩子临走的时候当礼物，不要准备零食。

四、持续阶段

这个阶段实际上是你已经完成给孩子找伴的工作了，只是想着怎么持续。理论上，双方家庭已经磨合，大家都认为对方值得继续交往。但对方可能不会马上邀请你带孩子去他们家。所以，你需要继续找时间邀请对方，你放心，你做的这些一定是会有回报的。

最后，如果离得很近，你基本上每天晚上都可以带自己的孩子去别人家玩一个小时，或者是邀请一个孩子到你家玩一个小时。在你的孩子找个一个知心朋友的同时，你自己也获得了一个家庭做你的朋友。

7. 幼儿园里那些事

　　幼儿园是小朋友的快乐天地，可以让孩子健康快乐地度过童年时光，不仅学到、养成各种生活习惯，而且可以从小接触集体生活，同时也为进入学校打下良好基础。也可以说，幼儿园是孩子离开家庭，步入社会的开始。那面对孩子在幼儿园里发生的种种，爸妈在家庭中又应如何引导和应对呢？幼儿园的教育和家庭中的教育，又应该是何种关系呢？本章节选取了几个幼儿园里常见问题，和各位家长来一同探讨。

场景 1　像妈妈的老师可遇不可求

对于即将开始的幼儿园生活，家长们通常是既有期待，又有不舍，同时还有稍许的忐忑。毕竟，3 岁左右孩子，一下子要一个人面对陌生的、没有家人的集体环境，终归会有一个不适应的阶段。

有不少家长为让孩子能尽快适应，提前数月就开始做各种准备了。不仅准备好孩子衣服、姓名条，还主动训练孩子认识自己的名字、自己大小便、独立吃饭等自理能力。很多非常有心的父母，还带孩子去参观幼儿园，认识老师和熟悉环境。

有些家长还经常和孩子聊聊幼儿园里面好玩的事情、教室里新鲜玩具及图书、丰富多彩的各种游戏等，让孩子产生向往幼儿园的心理。同时提前和孩子约定，早上妈妈送你去幼儿园，晚上一定会把你接回来等。

可问题是，若你对孩子说"幼儿园可好玩了，天天玩玩具，而且老师也特别好，就像妈妈一样，会特别爱你的！"那就可能会自找麻烦了！

为什么强调老师像妈妈一样好，会对孩子入园适应期带来副作用呢？

孩子进入幼儿园，是孩子真正社会化的开始。在 3 岁以前，孩子的社会化只是在家庭"微社会"中得到初步认识，初步掌握社会行为规范、价值观念、生存技能，以适应下一步的社会生活。当孩子走入幼儿园，等于脱离了家人保护，进入了一个相对有限、且有安全保护的"小社会"。

孩子用三年时间，顺应了自己所生活的家。当进入幼儿园，等于被父母放到一个完全陌生的环境中，其中还充满各种未知的、不稳定的因素，肯定会本能地感到恐惧。若孩子安全感充足，就会较快地适应这个转变过程。反之，由于分离焦虑、对陌生环境的恐惧和与同龄人的大量社会性交往，会导致孩子产生挫败感，并抗拒去幼儿园。

不能否认的是，孩子爱上不爱上幼儿园，最核心、最关键的外部影响因素，是孩子能否遇到一个好的幼儿园老师！好的老师，不仅能帮助孩子克服分离焦虑，喜欢上幼儿园，还可以让安全感缺失的孩子快速适应幼儿园，同时还能减轻父母的焦虑。

可这样的老师，是可遇不可求的。如果你的孩子遇上了，是他成长过程中的大幸！

对于幼教老师来说，她们也是正常的人，有自己的家和自己生活，不可能100%把心思用到孩子身上。若再遇到一些生活中不顺心的事情，自然会反映到幼儿园的教育工作中。你想让这些老师抛弃俗念和烦恼，一整天全心全意地当几十个孩子的"妈妈"，很难。另外，由于孩子众多，老师也不可能把精力放到一个孩子身上。

孩子在幼儿园遇到的老师，能尽职尽责就已经很不错了，想要老师像"妈妈"一样对待自己孩子，恐怕也是奢望。

若不能保证老师会像妈妈一样，那你上面对孩子的说法，就需要仔细斟酌了。也许，正是由于父母不恰当的说法，引发孩子对幼儿园失望。当孩子入园后，发现老师并不像妈妈一样看待自己，且老师的眼神和处事方式完全不像妈妈，加上对陌生环境焦虑和需要适应集体生活，他们就会进一步加大恐惧感。同时，孩子还体会到父母在说谎，是妈妈把自己推给老师的借口，使亲子关系受损，导致孩子不相信父母的话，反而加深孩子的不安全感。因此，父母这种想当然的"心理"辅导，就真的起到负面的作用了。

其实孩子喜欢上幼儿园，一个很重要的因素是，孩子是否从家庭中汲取了充足的安全感。若孩子安全感不足，建议先帮孩子补足安全感，哪怕晚一点上幼儿园，也不会对孩子造成损失。

如果由于条件问题，必须上幼儿园，则家长需要更多的耐心，接受和认同孩子情绪和感受，而后再进行引导。比如，告诉孩子，有一些事情是不能避免的，也是躲不开的，父母会帮助你应对和适应这些困难的。要知道，学会面对现实，并调整自己，这也是孩子长大成人的必修课之一。

场景2 幼儿园开学综合症

一般情况下，孩子经过较长的快乐假期以后，就像成人放长假后不愿上班一样，多少对回幼儿园会有一种抵触情绪，严重的还会大哭大闹。每每快到开学的时候，不少父母就开始发愁了，生怕自己孩子出现这样的情况。

1. 场景

我有一个朋友，暑期长假以后，每天送孩子到幼儿园，孩子早操也不做，一把鼻涕一把泪，死活都不想让家长走。可等老师带队回教室时，孩子倒也能正常地跟着其他孩子走。如此状况天天往复，我朋友不胜其烦，同时也感觉很沮丧。

其实，对于孩子来说不愿回园，这是很正常的表现。放假期间，孩子相对缺少约束，也几乎没有压力，生活上也更加轻松自在，自然使孩子产生惰性。当面对回到不能"自由自在"的日子，怕失去在家中的"待遇"，心理上本能地产生抵触，有时就会有类似哭闹的反抗。

2. 孩子怎么又不想上幼儿园了？

从原因上看，无外乎是下面几种：

第一，在假期忽视起居规律。

长假期间，孩子往往是睡到自然醒，吃饭也欠规律。开学之初，每天早上要被叫醒并送到幼儿园吃早饭，此时孩子生物钟没有调整过来，会感觉还没有睡足。由此可能会哭闹，不愿意去幼儿园。

这里有一个极大的认识误区：许多父母认为，当假期结束之前的一周左右，再调整孩子起居规律，也完全来得及，孩子就不会发生开学的不适应。但实际情况往往事与愿违。

孩子在幼儿期的主要学习任务就是习惯养成，而习惯养成，本来就是让父母非常头疼的问题。通过一个学期的幼儿园生活，孩子刚刚熟悉和适应了园内生活的作息规律，放假期间又被打破了。若再想恢复，基本上等于重新训练一次。

第二，孩子可能安全感不足。

有些缺乏安全感的孩子，会特别需要家人陪伴，并极度想获得关注。在假期，基本是 24 小时与家人朝夕相对，不是父母就是祖辈，孩子再次成为全家注意的焦点，这种感觉使他们获得极大满足。当忽然要失去这种"地位"，难免产生强烈的失落感。和新入园一样，会产生对周围环境和集体的生疏，以及离开家人的恐惧，出现哭闹也在所难免。

孩子的这种表现，主要源于对亲人的依恋和分离焦虑，只是语言上鼓励是远远不够的。对这类孩子，还是需要继续补足安全感，否则孩子会出现更多问题。

反过来，较长假期也是一个很好补足安全感的机会，可利用各种亲子活动，加强亲子之间的纽带。带孩子回老家、适当的全家旅游、参加朋友的聚会、去适合儿童的游乐场所玩耍、在家庭中共同游戏和亲子阅读等。

第三，各种越线行为被忽视。

在假期中，由于父母经常带着孩子外出，或由祖辈代为照料，导致原来需要遵守的规则被放松了。同时，全家人围着孩子转，不论是吃零食还是看电视，都能让孩子享受到"自由放纵"的快乐。

假期结束，孩子还会过度留恋"无拘无束"的生活，同时通过假期的"战斗经验"也知道了，只要坚持对家人说"不"，就能赢得博弈。

所以，当孩子对父母说"不要上幼儿园"的时候，不仅是不愿接受幼儿园生活的约束，同时也是说"不"的习惯延续。这样在不知不觉中，假期反而成了不良习惯的"滋生地"。

3. 家长应对

在假期中，除个别外出旅行以外，家中生活应基本参照幼儿园的作息表进行，使孩子的生活习惯得以持续，其饮食和睡眠等生活规律也能得到保证。幼儿园的作息表，可轻松地从老师那里获得。幼儿园老师也非常愿意地给你一些提示，甚至当你遇到问题时，也可以通过电话向老师咨询。

在暑期还可以和孩子玩"幼儿园"游戏，就是孩子当老师，你当孩子。玩时，你可以被"老师"表扬几次、得到多少小红花等，还可跟孩子一起做跟幼儿园相似的亲子游戏，或一起玩玩具。同时，若有能力带着孩子回顾幼儿园教的歌曲、儿歌、生活技能就更理想了。另外，多帮助孩子回忆发生在幼儿园的趣事，同时，不要在假期的最后，安排长途旅游等让孩子过于激动的活动。

当然，如果家长在上面的基础上，再增加孩子的实际认知就更理想了。比如，家长在入园前，甚至是在整个假期中，经常约班上其他小朋友，到家里玩、吃饭，或去别的小朋友家聚会。也可以几个家庭一起郊游，能约上幼儿园老师则是最佳的。

另外，在开学之前，可以约上几个小朋友，在家中开一个"开学party"，把本来普通的开学，变得更加仪式化，也让孩子们有一种将要回归集体生活的兴奋，以及又长大了一岁的自豪感。在很多国际幼儿园里，都保留有"开学party"，想必也是有同样考虑。

通过这些小手段，孩子就会唤起对幼儿园老师和同伴的兴趣，也能有一种对幼儿园里集体"玩"的期待，同时会认为自己"有资格"升入更高的班级，是自己表现好、长大了。父母还可以对孩子强调，等过几天你就能和小朋友天天一起玩了，而且老师还准备了许多游戏，就等你来了！当孩子感觉到自己的价值时，他们会乐于表现的。

顺便说一下，现在有不少幼儿园，在暑假期间还会正常的入园，或有暑期的混龄班。所以，有条件家庭可在整个暑假都照常让孩子入托，这能带来许多好处的：

1）解决父母无条件和时间照顾孩子的问题；

2）在混龄编班，年龄大的孩子对年龄小的孩子有很好示范作用，而年龄小的则可以向大孩子学习、模仿；

3）可以识新朋友，锻炼了社交能力；

4）暑假教学任务减少，多以游戏为主，孩子反而更开心；

5）没有脱离幼儿园环境，无"开学综合症"之虞。

最后，入园那天若孩子还是出现哭闹，则要接受、认同孩子情绪，同时也不要过度焦虑，切记要管理好自己情绪。因为当你焦躁又不忍时，孩子会更加利用你内心的纠结，哭闹得更加激烈。

场景 3　幼儿园有个残疾小朋友

前些时候，有朋友对我说，她 3 岁的儿子，似乎特别关注和正常人长得不太一样的人，比如幼儿园另外一个班上的残疾儿童，以及经常出没在地铁和公共汽车站的乞讨者。另外，他对面部有疤或者黑色胎记的人也很好奇，总是盯着看，然后大声问："他是怎么了？他怎么那样啊？"

我朋友也知道这是孩子的好奇心驱使，但却不知道该如何引导孩子。对如何回答孩子有关残疾的问题，也不确定该怎样解释。对这些问题，其实细说起来就是对残疾人和乞讨者的态度，归根结底还是对弱势群体的态度。残疾人，是我们生活中经常见到的，处理得好，就是一个良好的教子机会。

1. 孩子好奇是很正常的

残疾人和长相特异的人，在外貌上与正常人有明显不同。当小孩子看到他们时，由于认知不足，一般会有两种态度反应，一是恐惧和不理解，并采取回避姿态；二是好奇，可能会长时间盯着看，并询问为什么。一些学龄以上的儿童，由于幼时教育欠缺以及缺乏同情和尊重，还可能会出现嘲笑、辱骂、戏弄甚至攻击残疾人的行为。

可是，对幼儿采取说理教育、榜样教育，对他们解释残疾人的生理缺陷是由遗传、疾病或事故造成的，并给他们的生活、工作、学习带来了诸多不便，想让孩子在情感上同情他们，在人格上尊重他们，并树立平等的观念，我想，这种成人化的方式孩子是听不懂的。

孩子的言行举止，都离不开家庭和周围环境的影响。若父母经常当着孩子议论残疾人，或口气不敬，或嘲讽讥笑，或嗤之以鼻，则孩子以后遇到残疾人，多半也会如此。要让孩子对残疾人有正确态度，家长自己就要以身作则，平等对待和尊重残疾人。

此外，家长可以让孩子逐步认识和了解残疾人。要想孩子们不排斥、不歧视残疾人，其先决条件是对残疾人有了解和接触。应该让孩子知道自己和残疾孩子之间存在的不同，随着孩子慢慢长大，就可以一步一步深入到问题的实质。

2. 如何帮孩子正确认识残疾人

在具体操作上，我个人有如下建议方法：

1) 游戏法

利用游戏，让孩子体验残疾人的生活。比如蒙上孩子眼睛，家长带他走过一段有简单路障的道路，利用短短的几分钟就可以让孩子深深体会残疾人的不易。一般情况下，孩子通过换位体验，可以发现残疾人在生活上的困难，激发孩子对残疾人的同情和关爱。如果幼儿园老师也和孩子玩类似游戏，孩子的感受会进一步加深。

其他还可以用到的模拟游戏包括，让孩子闭上眼睛在纸上画画、用一只手穿脱袜子或鞋子、单手剪图形、打手势表达一个意思等。需要注意的是，对较小的孩子，蒙眼可能会导致害怕。

2）接触法

如果孩子身边有小朋友是残疾的，就给孩子创造机会，与有残疾的小朋友一起玩耍，从而学会耐心和照顾他人。

有时候，孩子们之间的一次玩耍、一件礼物的互换，看似平平淡淡，却给孩子打开了一扇了解彼此的门。另外，若孩子看到残疾小朋友能照顾自己，对正常孩子来说也是一个鼓励，因为身体不健全的人都能做到的事情，身为健全人，你当然更能做好了。

3）发现法

在现实生活中，带着孩子寻找为残疾人提供的便利设施和优惠政策。如发现盲道、残疾人出租车、残疾人专用停车位置、宽大的残疾人专用厕所、电梯中的镜子、公交车上可以放轮椅的地方，以及一些景点的优惠政策。

还可以找一些专为残疾人设计的生活用具，让孩子试着操作。在你讲解的同时，孩子会明白为什么要给残疾人这样安排，以及思考怎样才能更好地帮助他们。

4）阳性强化法

当孩子过分关注残疾人时，家长也不必过分阻拦，例如孩子盯着残疾人半截的腿看，家长也无需强行把孩子的头扳过来，或提醒孩子"不要看"。比较恰当的方式是，当作什么也没有发生，然后找机会转移孩子的注意力或带孩子离开。

如果孩子当着残疾人，大声问一些"他为什么这样"问题的时候，可以不立即回答这个问题。家长先向对方道歉，然后提醒孩子在公共场合这样"大声"的说话不礼貌，记住只提"对人别大声说话"即可。一般有界线的孩子，会立即安静下来。

通过上面简单的生活方法，可以让孩子知道付出爱，关心他人、尊重他人，这比单单讲道理，要实用的多。孩子是纯真的，在你的引导下，知道平等、尊重地对待残疾人，也能让孩子体会到身体健全的重要性，从而学会保护自己，对培养积极乐观的人生观也有很大帮助。

另外，在孩子的幼儿园有一个残疾儿童，是非常好的。在孩子幼时，其道德和价值观远比成人单纯，既没有太多的功利和歧视，也不会下意识地流露出同情的神色来，这也是对残疾儿童的一种尊重。只要孩子认识到残疾儿童和他们仅仅是身体长得不一样而已，并没有其他的任何区别，他们就能克服对生理缺陷的恐惧，就可以成为一起玩的伙伴。

8. 生活"实战"

　　父母不管掌握了多少教子理念，生活中终究要日复一日地应付各种来自于孩子的"挑战"：小到生活习惯的养成，大到社交和学习能力的培养，无一不关系到孩子的健康成长。我们选取了部分生活中的常见案例，为大家讲讲遇到这种情况应该"怎么办"。

　　不过，如果大家指望着能学到"一招制敌"的方法，恐怕就要失望了。因为大部分问题出现后，分析和推敲原因，往往比直接学习应对要来得更加重要，意义也更加深远。只有了解了问题的根源，懂得反思自己，才能举一反三，用更积极的方式来引导孩子的成长，减少让人头疼的麻烦。

场景1 3岁孩子不爱刷牙

许多家长对孩子刷牙的问题，都有痛苦的经历，特别对3岁左右的孩子。每次刷牙都要和孩子"战斗"一番，也许诸如说教、利诱、威胁、恐吓等歪招都用过。效果呢？讲道理基本不听，用物质利诱几次就失效，暴力威胁就暴哭，用反面事例恐吓完全不理解。

1. 孩子为何不爱刷牙

其实，如果你多了解一些幼儿的心理和他们的感受，还是容易应对的。

当宝宝开始长第一颗牙的时候，就需要父母用干净的纱布包裹自己食指，沾净水帮宝宝清洗口腔，这种口腔护理方法要持续至两岁半。此后，应替孩子选择适合年龄段的软毛牙刷，父母每日早晚两次协助孩子刷牙。通常到4岁以后，孩子有了一定的主动性和自觉性，认知水平也提高了，手部精细动作也熟练了，这时家长让孩子独立完成刷牙也就水到渠成了。

但这些做法，只是我们成人的期望，什么认真刷牙、不得龋齿之间的利害关系，孩子是不会明白的。因为孩子只看行为的直接后果，不会理解长期积累、量变到质变的道理。所以，这个阶段尽可能不要和孩子讲道理。你让孩子明白刷牙有多重要，基本是对牛弹琴。同时，想让一个2—4岁的孩子自律，也基本不可能，而过多的强迫反而激发了他们的对抗。

如果你的孩子已经不爱刷牙，其原因可能是多方面的。作为家长，理应先观察自己的孩子属于什么状况，再对症处理。一般孩子不爱刷牙，可能有以下几个原因：

1）小时候没有经常擦拭孩子的牙齿，现在刷牙不适应；

2）牙刷硬，刷起来痛；

3）一些牙膏味道辣，孩子不喜欢；

4）某次帮孩子刷牙，你用力过大，有极强的痛苦经历；

5）刷牙枯燥无味，不好玩；

6）曾经采用物质引诱，现在没有了，不乐意；

7）曾经对此有过多强制、训斥，已经反感；

8）孩子确实累了，想睡觉；

9）你自己吃完东西不漱口，刷牙也是对付，却要求孩子做好。

2. 解决刷牙的技巧妙招

想解决问题，就要抓住幼龄儿童爱动、爱玩、爱模仿的特点，采取玩乐的形式，把刷牙变成非常好玩的事情，这样他们的积极性才会特别高。

我的女儿，曾经也不爱刷牙，但她现在明白，每天不刷是不行的，且哭是没有用处的，所以现在虽然不是特别情愿，但基本不会抗拒刷牙。当然，有时候我们也需要采取一些小游戏逗她刷牙。同时，要让孩子获得自主感，使其感觉到"我能行"的力量。

我说一下曾经采用过的一些技巧，穿插变化着用，再加上你也许有其他的方法，结合在一起，对解决孩子刷牙问题，肯定会有帮助。

1）利用孩子爱模仿的特点，全家人的刷牙比赛，就是和孩子一起刷牙，看谁刷牙的泡泡多，起到良好的示范作用。

2）刷牙时，可以和孩子做一场"抓虫子"游戏。一边给孩子刷牙，一边假装从她嘴里抓到一个虫子，随后再假装递到孩子手里。

3）购买卡通杯、卡通刷牙，让孩子刷牙时不那么枯燥，有"秀色可餐"的乐趣。

4）请幼儿园的老师协助，孩子在习惯方面的教育，孩子是最听老师的话的。

5）孩子一般是比较磨蹭的，所以，一定要让孩子早刷牙，比如9点睡，8点就刷牙，剩下的时间就可以做游戏、讲故事。否则孩子真累了、困了，就会产生比较多的对抗。

6）给孩子留出床上游戏时间，比如枕头大战或时装表演，孩子着急去玩，自然会赶紧去刷牙。

7）充分利用刷牙刷出来的牙膏沫，可以玩化妆游戏。

8）选择一些与保护牙齿相关的绘本，间接让孩子理解刷牙的重要性，或模仿故事里的情节引导孩子刷牙。

其实，大家也许还有更多的好主意，但关键点在于，父母一定要放松心态，可千万别一到了刷牙的时间点，自己就开始"犯憷"。当孩子察觉到你很在乎一件事，他自己的神经也会绷得很紧。大家都不放松，就算勉强把牙刷了，也不会感到愉悦。而第二天，又是新的战斗的开始。

需要提醒的是，每个孩子的个性不一样，且不爱刷牙的原因不定，所以，需要各位爸爸妈妈使用前，先想清楚，否则应对上可能失误。当孩子某天刷牙很好，就进行及时的鼓励和表扬，让孩子知道你高兴他们这样做。但是，负面刺激一定少用，比如让孩子看龋齿，提醒孩子为什么这样，这种效果一般只管用一次。

场景 2 孩子爱磨蹭

曾经有段时间，我总感觉女儿有一点"磨蹭"，完全不像我的性格。为此，我也督促过她，但明显没有什么作用。所以，我就想是不是我忽略了什么？或是我没有明白孩子为什么"磨蹭"？

1. 常见解决方法

我发现，不少家长也很关心这个问题。那我先给大家介绍一些我找到的技巧：

1）一分钟专项训练法：就是让孩子逐渐明白，原来一分钟可以做很多事情。

2）停止催促，坚持表扬：只表扬，不提孩子做得不足的地方。通过表扬，会激发孩子内在快的动力。

3）节约的时间由孩子自由支配：让孩子真正享有自主安排时间的权利，绝不能一看到孩子有空闲时间，家长就增加任务。

4）从生活习惯训练：通过训练，缩短孩子生活自理行为的时间。这样，孩子在学习中才会快起来。

5）规定时间没有完成立即停止：保证孩子的休息，不到万不得已，不要使用这一招。

6）让磨蹭付出代价：让孩子为自己的磨蹭付出代价，让孩子自己去品尝磨蹭的后果。

7）闹钟提醒法：给孩子规定完成的时间，分成三四段，分别上好闹钟，每隔一段时间闹钟就会提醒孩子，到时间就不准再做了，进入下一部分。

8）帮孩子认识时间的价值：故事、名言警句来提醒孩子，让孩子明白时间是世界上最宝贵的财富。

看到这里，大家也许会说："这些方法不错呀！看起来都很正确呀？"其实，这就像中医治感冒一样，如果寒热不分，中成药选用不当，是治不好病的。所以，上面的技巧，其实都相当于不同的"中成药"，而孩子的磨蹭，就相当于不同的感冒。如果你连孩子为什么磨蹭都不清楚，就敢"下药"，不仅可能延误病情，还更可能加重病情。

2.场景

好了，先让我们看一个场景：

孩子写作业，写一会玩一会，不是发呆就是没事找事，有时候要"熬"到晚上 11—12 点。为此，你和孩子都痛苦不堪。我们从孩子行为上得出的现象，就是孩子天天在写作业时，都在不断地磨蹭。

3.磨蹭的根源

对于"磨蹭"，从其根源上看，无外乎是两种情况：一是生理客观条件造成，二是他们在进行"对抗"，也就是和你的一种"权利"

斗争。

针对第一种情况，你可以好好回忆回忆，孩子小时候是不是天生就是慢性子，即你的孩子无论做什么，包括最有兴趣的事情，也都是慢吞吞、拖三拉四的，老是跟不上别人的速度。同时孩子在情绪方面，常表现出厌恶冲突、不敢冒险、比较害羞等特点。如果孩子天生就是这样，那很有可能孩子就属于迟缓、慢热的气质类型。对于这样的孩子，建议让他按照自己的速度和特点去适应环境。家长不要给他们施加压力，多鼓励他们去尝试。

如果你已经排除了第一种情况，那你还真"麻烦"了，你需要认真反思自己，是什么原因导致孩子和你"对抗"？

根据我个人的观察和实践，总结出以下几种：

● 父母对孩子的控制欲过强，什么事都希望孩子按照自己的要求做；

● 父母期待太高，希望自己的孩子能出人头地，生怕孩子被落下；

● 孩子模仿你，因为你做事就比较拖沓，而你对自己和对孩子的要求不一致；

● 孩子真的不喜欢、没有兴趣做这件事情，从心里反感；

● 孩子的能力不足，不是处在困惑中，就是跟不上你的思维和要求；

● 孩子情绪不好，总有许多负面的情绪积累，导致什么事都不愿意做；

● 孩子真的不会，希望得到帮助。

所以，真正的"病因"，是需要你仔细观察，与孩子坦诚沟通才能确定的，也只有这时，才好对症下药。有些父母指望着能学到"一招制敌"的办法，可惜，在儿童教育中，一招制敌、出招必胜的方法并不存在，如果谁真的有，那一定是不全面，也是不负责任的。

另外，大家要经常发现孩子"好"的地方，这是你改变孩子"磨蹭"最重要的地方！你要针对孩子的长处不断地加强，对不足的地方进行示范。当孩子有所改变时，立刻肯定和赞扬，这样孩子才会朝你希望的方向前行。

场景3　孩子第一次被骗

前不久我的一位同事，说了一件他非常难处理的事情。这个实例非常有意思，非常考验父母。也许，同样的事情你也会遇到。

1. 场景

一天放学后，我同事 7 岁的儿子，自己拿了一个高档机械玩具，在所住的小区院内玩。这个玩具是亲戚刚从国外带回来的，做工精细，结构复杂，功能丰富，顿时就吸引了很多孩子，乃至大人的围观。这时，有一个像是住在本小区的叔叔经过，他也非常好奇，于是征得了孩子的同意，就把玩具拿到手里把玩。

可事情就是这么巧，玩具居然在这位叔叔手里坏掉了，好像是某一个零件被损坏了。叔叔一边道歉一边试图把玩具修好，可鼓捣了半天也未能修复。于是，他对小男孩说："好像有个零件坏了，今天天太晚，我明天这个时间再来帮你修，咱们还在这里碰面好吗？"孩子从未经历过这样事情，看着这个叔叔也很诚恳、很和气的，于是就答应了。

同事儿子回家后，简单说了一下情况，临末了孩子有一点迟疑地说："明天我一定早一点去。"我同事是个聪明人，孩子叙述的过程中，他并没有发表什么意见，但在心里已经推测"这个叔叔"不一定那么可靠，孩子可能会失望了。所以当孩子说要早点去时，立即明白是孩子有一点担心，于是宽慰孩子说："那个叔叔已经承诺了，我想他一定会来的。"

第二天，事情的发展和我同事猜测的一样，那个叔叔果然爽约了，孩子提前抱着玩具到了约定的地方，等了许久对方都没有来。孩子回来闷闷不乐，但没有说什么，我同事也没有说什么。第三天、第四天情况依然没有变化，看着孩子失落的样子，我同事沉不住气了，也不知道该怎么处理才好。

2. 解决问题的核心点

说起来，此事还真是很微妙。在我们对孩子的教育过程中，都是要求孩子要诚实、守信用，而当孩子第一次遇到这种事情，也许你多年的诚信教育，会一下子毁于一旦。这件事给孩子造成的影响是很深刻的，不仅让孩子对成人失去信任，还会让孩子遇事先从坏的方面想，彻底改变了看待社会的视角。长久下去，孩子会忽视掉生活中许多美好东西。

我问同事准备如何处理时，他说既然孩子已经被骗了，那就当反面典型，顺便教育一下孩子，以后不要太轻信陌生人。最后，再想办法安慰一下孩子。我想，这也是我们比较常用的方法，也是不得已而为之的方法。

类似的事情，早晚会发生在我们的孩子身上的，也是完全不可避免的。这其中最难的是，既要让孩子知道这个世界上还有许多丑陋的现象,而又不能让孩子放弃对美好事物的追求。说实话,我们自己的成长,就是不断在自己的"谎言"被揭穿中成长的,也是在不断被欺骗中成长的。所以,应对欺骗也是非常重要的教育。

从解决问题的角度看,有几个基本点是我们必须把握的:

1)要尊重孩子的选择和判断,不能因为孩子上当和造成了损失就训斥他,更不能用金钱价值来衡量孩子的善良之心;

2)要告诉孩子不能"因噎废食",看人、看事依然要从好的地方看,同样也需要告诉孩子,爸爸妈妈也曾经上过当;

3)要接受孩子失落的情绪,但不能再重新买一个同样的玩具进行"补偿",否则就失去了反面案例的教育意义,未来孩子还可能为了获得利益而说谎。

9. 三套解决策略

处理方法上,有上、中、下三种方法,大家可以针对不同事例,根据自己的性格,以及孩子的个性,相应参考:

下策:

孩子不找你诉苦,你就当此事没有发生过。孩子都是很聪明的,他们上当后自然也明白了为什么,理论上再遇到类似的事情,多长一个心眼是很正常的。这也是孩子自己形成的为人处事的方法。只是此方法缺乏主动和互动,孩子的恢复周期也偏长一点。

如果孩子主动来找你"诉苦",那就按照上面说的三个基本点进行处理。

中策:

此方法的核心是,让孩子明白这样做是正确的,继续阳性强化。

在父母介入的时间点上，从孩子回家说时就需要参与，并把几个重点向孩子说清楚：

1）这样信任一个人，是非常好的事情，你做得很正确；

2）强调那位叔叔也不是故意损坏玩具的，所以对这种无心之过，是可以原谅的；

3）想办法带孩子一起修复玩具，这也是非常好玩的事情，同时明天也许可以给那位叔叔一个惊喜。

当第二天，孩子失望的回来，你就需要主动参与，同时也需要和孩子讲清楚：那位叔叔没有来，可能是临时有事，而他又没有你的联系方式，所以没法提醒你。也许，我们需要再多等待一天，再给那位叔叔一次机会。这样可以让孩子学会理解和同情，同时也会明白怎么给犯错误的人一个改正的机会。再有，孩子也能明白，自己没有要求那位叔叔留下联系电话，是自己的疏忽。

当第三天，孩子还是失望的回来，你就需要主动说明：

1）那位叔叔没有来，可能真是"不守信用"了。这个结果错不在你，而是那位叔叔非常没有礼貌，不敢为自己的错误负责，是非常不对的。

2）给孩子讲述自己上当的例子，同时说明父母以后遇到类似的情况，依然会这样做，因为这个世界上，毕竟是好人多！

3）对孩子坚持去找那位叔叔这件事情，给与赞赏和社会性的鼓励，例如拥抱、微笑、口头表扬等。

上策：

此方法核心是在中策的基础上，如何更深的参与，同时"弥补"自己的不足，并勇敢地去面对。当然，这需要家长有一定的勇气。

假若我的女儿遇到这样的情况，在第二天孩子去找那位叔叔时，我会坚定地鼓励孩子去，也表明我相信那位叔叔会来的。当孩子失望地回来，我就会告诉孩子，明天爸爸陪她一起去找那位叔叔！

到第三天，和孩子一起去找，如果那位叔叔没有来（当然不会来的，呵呵），就开始引导孩子进行分析和推理，想办法找到这位叔叔。比如：

1）那天有没有你认识的人在现场，可以问问他们认识不认识那位叔叔；

2）那位叔叔有什么体貌特征，问问小朋友，有没有人认识他；

3）如果找到那位叔叔，你应该怎么说；

4）下次遇到类似的事情，怎样更好地堵住这次的漏洞。

原来一个让人很失落的事情，在家长的帮助下，变成了一件非常有趣的"破案游戏"。孩子经过这样的"教育"，学会许多新的东西，他们既知道了对待犯错误的人的态度，也不会对这个世界丧失信心。

另外，在事情的最后，我们应该告诉孩子，那种言而无信的人对别人有很大的伤害。所以，孩子你要记得，不要轻易伤人，不要轻易信口开河，不要做令人憎恶的人。你期望别人如何对待你，你就那样去对待别人。

最后，回到我的那位同事，和他聊了聊后，他感觉还是"中策"好。尽管他错过了介入这一事件的最佳时间，但后来他和儿子谈了一次，同时想办法买了一个零件，与孩子一起把玩具修好了。对这个结果，他还是比较满意的，而孩子也很快从情绪低落中走了出来。

场景 4　孩子特别爱吃糖

糖，对孩子来说，是充满诱惑的，可过多吃糖会影响孩子的食欲和牙齿健康。许多家长对孩子吃糖问题，看法比较极端，不是过于宽松，就是过于严格。过于宽松，其实也不是主动和鼓励孩子吃糖，而是架不住孩子的死缠烂打；而过于严格，却希望通过控制供给，客观上让孩子吃不到糖。但这两种方式，都不是很恰当。

1. 场景

不久前，一位妈妈和我说，她们夫妻俩和家里的老人都不爱吃糖，但孩子想吃，所以每周只给孩子 2 块。结果孩子经常向其他小朋友要，然后说这是老师奖励的。孩子竟然为了吃糖而撒谎，让她非常头痛。这个妈妈说完，我问她是否和老师核实过，她说没有。

许多时候，我们成人太主观了，在潜意识中认为老师不会给孩子糖。当孩子出现问题的时候，先把孩子往坏的方面想。其实，这是一个非常大的误区，孩子未必是在撒谎，且就算她说的与实际不符，也不一定是谎言，因为孩子可能分不清现实和想象。而孩子的有意撒谎，往往是迫于家长的压力，或为了某种既得利益。

2. 对吃糖的分析

下面我们可以从几个方面看吃糖的问题：

家长对孩子吃糖的态度：

● 怕损害孩子的牙齿；

● 怕孩子营养失调、维生素、微量元素缺乏；

● 怕引起孩子肥胖、影响骨骼生长；

● 怕导致孩子"甜食综合症"。

常见家长做法：

● 对孩子吃糖需要控制，不能由着孩子；

● 每周规定时间给孩子几块；

● 糖放在孩子拿不到的地方，或藏起来。

常见孩子应对方法：

● 想办法在家里寻找，甚至去吃白糖；

● 向别的小朋友要糖吃；

● 不管是去别人家做客还是其他机会，只要有，就多吃一点。

孩子的内心想法：

● 糖真是好吃呀！我有糖吃，就能感到快乐！

● 家里找不到糖，想想办法，看能不能向小朋友要；

● 别的小朋友都有糖吃，而我却没有！

● 天底下所有的小孩都爱吃糖，这很正常！

● 你不让我吃糖，我偏要吃！否则我就哭闹。

● 我长大了，一定要吃好多的糖！

● 我妈妈怎么和谁谁谁的妈妈不一样，真抠门！妈妈是不是不爱我？

● 吃糖多了牙就会长虫子？我不信！

● 我每次吃饭都很好呀，也没因为吃糖而不好好吃饭呀？

● 你们炒菜的时候，也总放糖呀！

● 你们不是也吃糖嘛！

孩子天性就偏爱甜食，吃糖是他们难以抵挡的甜蜜诱惑。如果过分限制孩子吃糖的权利，这不仅是剥夺了孩子很大一部分的快乐，更会激发孩子对糖的过度渴望。

3. 家长对吃糖的误解

对此，我个人感觉，大家在孩子吃糖方面，有三个误区。

第一个误区是，父母认为糖对牙齿，有很大的"危害"。其实粮食的主要成分是碳水化合物，它们在人体中可分解成蔗糖和葡萄糖，也是糖，只是有些没有甜味而已。造成龋齿的很大原因，是食物残渣长时间残留在牙齿上。就算不吃糖，但是不漱口、不刷牙，最终也会有龋齿。

第二个误区是，家长总以为限制是很有用的。但越是得不到的东西，孩子越期盼，而白给的东西，有时反而倒无所谓了。孩子的欲望被压抑得越久、越厉害，欲望的饥渴程度就越高。而且，随着孩子长大，会想方设法满足自己，不管是让老人给买糖还是从别人手里换糖。但如果家长没把糖和其他零食分开，或没把糖当回事，那么孩子也一定不把它当回事，自然没有过高的欲望。这也是我还没有见过那个孩子把糖当饭吃的原因。

第三个误区是，家长期望孩子自己有很强的控制能力。对于幼儿来说，孩子对喜爱的东西，特别是糖，几乎是没有控制能力的。遇到孩子强烈要求时，有许多家长都会妥协。其实，当孩子提出不合理的要求时，你只要温和而坚持地说"不行"就可以了。孩子慢慢会放弃徒劳的争取。对于吃糖，个人认为，只要时间合适、量合适，就谈不上是"不合理"的要求。

4. 吃糖到底有多可怕

在我女儿的吃糖问题上，刚开始我也和大家一样紧张，生怕孩子会吃太多的糖。限制的结果，就是孩子天天想着吃糖。

女儿三岁以后，我想开了，和孩子约定：饭前、睡觉前不吃，糖的品种由爸爸妈妈决定，吃糖之前要先问一下父母，吃过糖要仔细刷牙。孩子很愉快地答应了。

我们给孩子吃的糖，主要包括补钙的软糖、小支的棒棒糖和巧克力。至于甜度过高的糖块或者"体积巨大"的棒棒糖，我们从来不买。至于前者，家里定量供应；小棒棒糖，则想起来就买一点；巧克力，基本上也属于家里的常备品种。对于这个范围之外的糖果，我们直接告诉孩子，爸爸妈妈不给你买的糖，不是因为质量不够好，就是有可能对牙齿很不好。因为家里的政策比较宽松，所以孩子基本不会提额外的要求。遇到朋友聚会给她几块没吃过的糖，我们也从来不限制。

到了现在，我女儿对糖的欲望已经降到了很低。通常"免费提供"的糖放在罐子里，她都想不起来去吃。而她想吃太多糖时，我只需要提醒：今天好像已经吃过了、马上就要吃饭了，或马上就要睡觉了，孩子就很轻松地把糖放到了一边。

　　当然，从保护孩子牙齿的角度，孩子吃糖的时候，适时地多给一点水。给孩子的糖，也尽量不要买甜度太高或容易粘牙的。

　　从孩子的教育角度看，一定不要把糖果和奖励结合起来。这样做，会强化孩子"糖是珍稀、紧缺的宝贝"这一认知，在无形中孩子心中会充满无限憧憬。其结果，对糖的期望会愈发强烈，当有一天，孩子有自己的"钱"或能力的时候，反而会不加限制去满足自己过去未满足的欲望。

　　从孩子的需求角度上看，孩子过于喜欢吃糖，是孩子在精神上有不满足的地方，需要有替代品，而糖是可以缓解人的情绪的。如果父母多陪孩子玩游戏、讲故事、外出到大自然中，孩子对糖和零食的欲望都会降低。

　　说到奖励，我更建议家长使用社会性奖励，如赞美、鼓励、拥抱，或是用日常生活、学习使用的物品奖励，也可以是出去游玩这一类的活动奖励。这些奖励更能激发孩子的热情和动力，孩子对此越是惦记，其影响的效果越大。

场景 5　孩子遇到"小霸王"

孩子从小到大，没有没受过欺负的。家长遇到这种情况也很纠结，既希望自己的孩子在"争执"中敢于反击，并且获胜；可又担心这样做，孩子会有暴力倾向。不管怎么说，父母都不希望自己的孩子受到精神和身体的伤害。

1.场景：

你陪着你3—4岁的孩子，在小区内公共健身设施上玩，此时另外一个年龄相似的孩子也要玩。对方要求你的孩子让开，而你的孩子还想接着玩，不愿意让开，并且告诉对方："是我先来的！"那个孩子急了，抓住你孩子的衣服就往下拽，然后你的孩子哭了，并死抓住器械不松手。此时，你会怎么处理？

2.常见的家长处理

对此场景，我做了小范围的调查，结果是半数以上的家长朋友选择了"暂时不管，观察事态发展"，这说明许多家长比较尊重孩子。尽管在实际生活中还是会忍不住会去插手，毕竟哪个孩子受伤都不好。

也有不少的家长朋友，从安全的角度出发，还是会制止那个孩子的行为，然后想办法教孩子学会商量，或劝说两个孩子轮流玩器械。如果那个孩子不让步，为了平息这场纷争，家长会告诉自己的孩子去别处玩，劝说孩子不要跟不守规则的朋友玩。

还有少数的朋友，会劝孩子直接离开，或劝说玩其他的来分散注意力。这实际上多少有一点教孩子"逃避"的嫌疑。

不少人主张，当孩子遇到类似的事件，家长应静观其变让他们自行处理，认为这可以锻炼孩子的处理事情能力。道理并没有错，但家长在实际处理中，要随着环境和条件的变化，调整自己的处理方法。按照上面的场景，若还是"暂时不管，观察事态发展"，可能就不是最好的选择了。

3. 更好的解决思路

从本例来看，要找个完美的解决办法确实很难，因为现实生活中碰到的情况各种各样，孩子们的性格脾气也不同，不一定能有完美的结果。

为此，我为大家提供一个解决思路，不管外因如何变化，但这个大方针是不变的：

第一，先判断孩子的安全状况。

如果孩子处于可能的危险中，如有摔伤、碰伤的风险，一定要先确保安全。本案例中的场景是小区的健身设施，这种铁制器械非常坚硬，且通常都可以晃动或转动，离地面也有一定的高度。对3—4岁的孩子而言，站在器械上被抓住衣服往下拽，是有很大危险的！所以，你一定要立刻阻止对方，不允许他继续拉拽自己的孩子。同时，对这样的孩子要严肃制止，并可以寻找对方的家长。

这么做的根本原因是，敢拽别人衣服、强行抢夺的孩子，是比较没有家教的孩子。这些孩子，自我中心感很强，是不容易听劝的，也是非常不知道轻重的，很可能会对你的孩子造成意外伤害。这样做不仅是为了让孩子知道，她已经处于比较危险的情况中（让孩子知道什么情况是危险的，也是非常重要的教育），同时也让孩子知道，父母是随时在保护她的。

第二，在相对安全的情况下，看孩子是否主动求助。

当孩子发生争执的时候，理应由孩子自己解决的好。但如果孩子明确寻求帮助，或感觉孩子处在恐惧中而用眼神寻找父母，则父母就需要参与进去。比如，你可以先用语言劝阻。若对方还继续做出危险动作，则要抓住他的手，要求停止。

在儿童教育中，有一个非常重要的原则，就是当孩子求助的时候，不管孩子是否有能力，父母都应该给予回应。因为他当下的求助，往往都是有原因的。不能因为你觉得孩子自己能行，就置之不理。父母的关注和支持，不仅可以解决当下的冲突，长远看，也让孩子充分相信父母是强有力的支柱，反而增加了他的勇气。就算父母不在身边时，孩子内在的安全感也会让他充满力量。

第三，若孩子相对安全且没有求助，就算哭了也继续旁观。

这种情况是孩子感觉自己还可以处理。孩子的哭，也许是委屈，也许是愤怒，也许是言语表达能力不足，只好用哭来表达。此时，大人与孩子间的距离，最好是 3 步之内，这既是为了防止情况恶化，保护孩子的安全，也是为了让孩子知道："我就在你旁边，需要支持时，爸妈会随时出手。"

第四，事后引导非常重要。

让孩子学会维护自己的权益，也是必不可少的学习。在事后处理上应告诉孩子，对方这样做是不对的，公共设施是谁先来的谁先玩，要按顺序来。如果对方已经耐心等了很久，我们就最好主动把器械让出来，这也是给孩子一个正确的是非观念。

4. 让孩子学会自己保护自己

除了给孩子讲清楚这些规则，还应该让孩子明白，如果遇到类似的情况，万一爸妈不在身边，孩子该怎么办？

我建议可以这样教孩子：

1）当你察觉其他孩子想玩的时候，可主动开口，礼貌地请对方稍等一下，或邀请对方和自己一起玩；

2）如果对方非常"强悍"，那么为了避免争端，你可以把器械让给对方。当然，你也可以坚持讲道理，但要做好寻求大人帮助的准备。

3）如果对方已经动手推搡你，你要首先大声说"不行"、"不要"，要强硬和果断，这个时候能不先哭就不要先哭；

4）如果对方已经伤害到了你，那么为了保护自己，是可以还手的。自己动手的界线在于，迫使对方停手即可，不可以再继续伤害对方，也不能使用树棍、石头等"武器"；

5）要真诚地告诉孩子，当你觉得害怕或者委屈的时候，流眼泪不是丢人的事，也不是犯错。每个人在害怕时都有可能哭，但我相信你会越来越强大的。

我们也需要告诉孩子，如果以后他想玩别人正在玩的东西时，要学会排队，无论如何也不能伤害到他人。对方不同意的时候，不要跟对方争吵和抢夺，需要耐心等待，或者选择其他设施玩耍。同时，要提醒孩子，遇到发脾气或者欺负别人的小朋友，先离他远一点不要和他一起玩，等他平静了以后再说。当对方表现得很过分的时候，要学会自己保护自己。

最后，为了让孩子更"熟练"地应对这种冲突，你可以在家庭中就此场景进行模拟演练。这样的练习可以让孩子在遵守规则的前提下，习惯对别人说"不"，也懂得如何保护自己免受伤害。通常几次以后，孩子就知道应该怎么做了。

但是，如果孩子没有经历过这种争抢事件，一定不要事前练习。否则，会让孩子变得过分敏感，甚至带有攻击性。

场景 6　捡地上的东西吃

曾有一个妈妈和我说，她孩子有一次捡食别人丢弃的冰激凌包装纸，问我这是为什么。其实，几乎所有的小孩子，都曾经有过捡东西吃的行为，但不是所有的孩子都因此形成了坏的习惯。

对此，可从儿童心理、社会影响、儿童生理三个方面进行分析：

1. 儿童心理方面

第一，孩子记忆、分类不成熟。

对于 2—4 岁的孩子，还不能系统进行分类。你这次告诉孩子这种东西是不能捡食的，孩子当时可能记住了，但下次又会捡起来吃。和对于这种情况，没有什么好的办法，只能不断提醒。

第二，孩子好奇在探索世界。

如果孩子只是随便捡起东西，放在嘴里舔舔、咬咬，并不是真的吃下去，那很正常，不是坏毛病，家长也不要限制。婴幼儿正值认识事物的萌芽期，物品除了看看、碰碰，他们还想把物品放入嘴里尝尝味道，这是他们认识周围世界的一种重要方式。同时，孩子还能从中得到许多乐趣，当发现不好吃的时候，下次自然也就不吃了。

另外，还有可能是孩子发育过程中"口欲期"的缺失。这种情况的发生，往往和孩子一岁前的管教有关，即过分限制孩子吃手、咬东西。婴儿吃手、咬东西，也是其探索世界的一种方式，使他们自己充分感知自己的身体和外界的联系。如果缺失，以后孩子总会找机会进行"替代性满足"。

第三，为了引起你的关注。

这种情况的发生，往往和你对孩子的照料或环境不正常有关。孩子可能因为较长时间缺乏"关注"，擅自拿取异物吃只是想吸引家长的注意力，但日久会成为习惯，变成不易解除的条件反射。对于这种情况，可多给孩子些关心，切忌简单粗暴，更不要对孩子施以责罚，否则反而会强化孩子的行为。

2. 社会影响方面

影响一：儿童食品的包装问题。

现在的商家，往往在儿童食品的包装上，印上极"艳俗"的色彩和样式。你可别以为是商家的审美观太低，他们可是儿童心理学的高手！这些花里胡哨的包装袋，对孩子的视觉冲击极大。孩子看见一个花花绿绿的东西，被色彩和图画吸引，就不由自主地捡起来。

如果只是花里胡哨到也罢了，更可气的是，有些厂家在儿童食品里加了大量的香精！这些食物类香精的"浓香"味，在包装袋敞开数天时，依然保留。浓郁的香精引起强烈的"食欲"，立即引起孩子的条件反射，拿着包装袋或里面的残余食物，进行尝试性舔舐。

影响二：孩子看见其他人在吃。

有一些父母，不希望孩子养成吃零食的习惯，控制比较严，完全不给孩子吃。可孩子终究会看到其他小朋友吃的，这无形中让孩子对别人有、自己没有的东西，格外的在意，也会寻找机会满足自己的好奇心。

所以，我的做法是，选择比较健康的零食，定期给孩子提供，且完全和奖励无关。通常正规商家生产的、上市多年的儿童食品，虽然对健康和营养没有太大的好处，但也不至于让孩子吃出毛病。所以只要不是和吃饭冲突，在这方面，我没有给孩子设置特别多的限制。

影响三：家长自己的捡食习惯。

生活中，大家会教育孩子要爱惜，比如节水、节电、不浪费食物等。特别是在幼儿园和家中吃饭的时候，都会要求孩子把掉到餐桌上的食物捡起来吃掉。这是对的，也是非常好的事情。

可是当食物掉到地上的时候，通常无外乎有下面的四种处理方式：

1）丢弃：对孩子说东西脏了，不管什么食物，掉在地上就都不要了；

2）真清洗：对可清洗的食物，清洗后再递给孩子，例如苹果；

3）假清洗：对不可清洗的食物，吹吹，然后说干净了，又递还给孩子，例如饼干；

4）自食：对孩子说东西脏了，你不能吃了，不过怕浪费或可惜，然后你自己吃了。

朋友们，你是采用了哪种？

前两条，个人认为都是没问题的。

但第三条，家长们应该知道，当食物掉在地上，虽然你可能吹掉浮土，但食物上仍有可能沾上各种细菌和寄生虫。你就是再怎么吹，也不可能全部吹净，只不过求得一个心理安慰罢了。因而，这种做法是有风险的。

对于第四条，说实话，我有时候也不能免俗，特别是特别贵或者珍稀的美味。但是，我仍会对孩子说，这东西不能吃了，"我"去丢到。这里是强调我去，而不能让孩子去。什么意思？呵呵，我背着孩子自己"偷吃"了呗！当然，在户外也只能真的丢弃。

我可不想让孩子觉得扔了可惜，也捡起来吃的做法。他们认为，既然你可以吃，我也是可以吃的。这样会导致孩子认为，东西掉在桌上和掉地上是一样的。

3. 儿童生理方面

一般情况是，孩子确实是饿了、馋了。小孩子的消化系统还不成熟，需要一日多餐。当孩子在外面玩一阵，由于体力消耗和接近饭点，对食物的香味很难抵御。所以，当带孩子出去玩较长时间时，不妨备一点水果和零食。

比较特殊的是，孩子捡食非食物物品。如果在你多次制止无效后，孩子依然是捡食纸片、石子、泥土等杂物，那你就需要考虑异食癖了。异食癖，也叫嗜异症，是指婴幼儿在摄食过程中，逐渐地出现的一种特殊的嗜好，对通常不应取食的异物进行难以控制的咀嚼与吞食，病因目前还不十分清楚。对此，你最好带孩子去医院做确诊。

4. 应对策略

当孩子真的发生捡食现象，千万别口气夸张地阻止和训斥孩子。这样的结果，不仅可能起不到相应的作用，反而提醒孩子这是一件"有趣"的事情。当你想制止时，心态、口气一定要平稳。

孩子捡起"垃圾"，家长不要上来就抢。只要孩子不"吃"，其他都可以稍缓处理。如果孩子只是拿在手上观察，那就随他去吧，但是需要提醒孩子"看完了就把它扔掉"。一旦发现孩子要往嘴里面放，就马上抓住孩子的手，同时告诫孩子"不能把地上的东西放在嘴里"，同时可以要求孩子把东西交给你。如果已经进嘴，此时就立刻把"垃圾"从孩子嘴里面取出来吧，但需要注意的是，言语和动作不要过分夸张，否则会让孩子觉得这是个"好东西"，下次找机会还得尝尝。

若是孩子捡的是食物"垃圾"，则你可以指导孩子做三件事情：

1）指导孩子把食物"垃圾"丢入垃圾箱；

2）平时要孩子养成丢垃圾的习惯，即自己吃完零食，一定要自己丢到垃圾桶里面。那你现在就可以提示随地扔垃圾是非常不好的事情，这个随地扔垃圾的人，很不讲礼貌；

3）你可以告诉孩子，这些"食物"是给小鸟、蚂蚁等小动物它们吃的，如果你吃了，小鸟、蚂蚁就没有饭吃了，趁机转移孩子对食物的关注。

场景 7　打针时大哭大闹

　　大部分 5 岁前孩子的家长，可能都会遇到这样一个问题：孩子要打针时，焦虑并哭闹，甚至从一进医院大门就开始，怎么哄都没用。

1. 常见情况

　　请大家回忆一下，当出现这样的情况时，你曾经说过下面类似的话吗？

　　欺骗类："不痛，不痛，打针一点儿也不痛。""不打针，我们不打针，是给爸爸打针"，结果却把孩子一把按住，给孩子打针。

　　吓唬类："不打针警察就要来抓你！""再哭，再哭，还多打几针！""再蹬，再蹬，针头扎进去就拔不出来了，让你总带着！"

　　道理类："哭和不哭，打针都会痛；但是大家都喜欢不哭的孩子，因为他勇敢！"

　　奖赏类："打完针，就给你买个遥控汽车……。""打完针，就给你糖。"

　　激将类："对听话的孩子，打针就不痛；对不听话的孩子，打针就会疼；不疼的针、不苦的药是给勇敢的孩子的。"

对比类："看人家小弟弟（哥哥）多勇敢，一点都没有哭。"

经验类："乖，不是爸爸不疼你。可人活着就很多的痛苦，只能自己去承受，谁也替不了你。只有勇敢地去面对，逃避没有用，哭也没有用。"

鼓励类： "你是个勇敢的孩子，不用害怕，一会儿就好了。" "咱们今天要去打针。你一定会好好表现的。"

威胁类："你要是不乖乖打针，我就把你放在医院里不要你了"。

打岔类：试图用真实的或者莫须有的东西转移孩子的注意力，而避免面对当前要打针的现实，同时赶紧把孩子的胳膊递给医生。例如"你快看窗户外面飞过去一只红色的大鸟。"

强制类：将孩子的两条腿夹在成人的腿中间，将孩子一只胳膊靠在身体上，一手抓住孩子的胳膊，另外一只手按住孩子的大腿根，尽快配合医生。

打骂类：直接武力制服。

这些做法在当时是会有一定的效果，反正针是肯定打了。但这些方法都会留下打针"后遗症"。当孩子下次再进入医院时，会变本加厉地反抗，因为孩子知道自己"上过当"了。对一些敏感的孩子，如果采用强烈的方法，孩子产生的心理"阴影"会携带一辈子。

2. 恰当的解决办法

让孩子打针不哭的最好方法就是别骗他，直接告诉他打针有点痛。其实，孩子的忍耐力是惊人的，只要不吓着他们，给出一个合适的心理预期，他们多半能够接受一些似乎很困难的事情。

所以，孩子在打针时，就算哭也不是坏事。在打针过程中，你可以这样做：

去医院之前，提前给孩子进行心理提示。把可能会遇到的事情描述给孩子听，让他提前做好充分的心理准备，但家长要语气平和。

去医院不必兴师动众，这样会给孩子造成心理压力和误导。如果条件允许，选择一个就诊条件好的医院或诊所就医，并且最好提前一段时间到达。这样就有足够的时间让孩子适应陌生环境并和医生产生良好互动，会让孩子在一个良好的状态下就医。

离家前，不妨让孩子喝一勺糖水，或在孩子打针之前给他吃一块糖，会减轻打针带来的疼痛感，让孩子感觉更舒服。同时，家长要平静自若，不要表现出担心。如果大人首先一脸焦虑，你的身体语言就让孩子感觉问题严重。

进入医院前，事先要和孩子说："一会儿打针，你要是感觉疼，你就哭，没关系的。疼的轻，你就小声哭：疼得厉害，你就大声哭，没什么不好意思的，但打针的疼只有一小会，数到三就没事了。"如果孩子以前打过针，则补充："还记得上次打针吗？现在打针的地方还疼不疼呢？其实这点疼没什么了不起！"

进入医院后，如果有多位护士可以为孩子打针，则让孩子选一个他喜欢的护士。需要注意是孩子喜欢的，而不是你认为很温柔的那一位。当孩子选定了护士，先让孩子跟她打招呼，告诉孩子阿姨会非常轻地给你打针。这不仅是孩子放松，更主要的是让护士下不了"狠手"。

在打针的时候，可分散孩子注意力。如不让孩子看拿药、抽药、进针、拔针等过程。如果出现哭闹，也要给孩子退路，不去批评孩子不勇敢、不坚强、胆小。同时为他"哭"的行为找了个理由，让孩子觉得有面子。一般来说，此时讲道理作用不大，抱着孩子体谅他的紧张和疼痛，反而安慰作用更大。另外，打针半小时后，可及时进行心理辅导，如让孩子再仔细回忆刚才的情景，并说"现在还疼不疼？"

如果孩子打针前，闹的厉害，可先带离打针的地方，等孩子安静下来了，再说服他去打针。若经过多次尝试，孩子还是挣扎很严重，建议当日放弃打针。看病时孩子的过度紧张，远比疾病对孩子的损伤大。

另外，人对痛觉是有适应的，恐惧打针的孩子，往往并不是害怕短暂的疼痛，而是怕"打针的气氛"。所以，家长在平时做一些功课，可大幅度提高孩子对打针的适应。比如：

1）平时孩子不听话时，不要用打针或医生去吓孩子；

2）多给孩子一些机会，接触不同的环境和人，减少对陌生环境的不适应；

3）可以买一套医生的玩具，让孩子在游戏中，接受和熟悉医疗器械和操作流程；

4）利用绘本图书，在讲故事的时候给孩子一些正面引导；

5）告诉孩子一些医疗知识，了解生病看医生、打针吃药是治病的必要方法；

6）遇到短暂的疼痛，可以进行对应心理辅导，让孩子知道疼痛并不是很可怕的事情；

7）对孩子的教育，不采取欺骗的方式，不要拿话贬损孩子。

最后说一下，孩子是需要充分尊重的，就是希望被关注，来解除内心的不安全感。如果家长太过担心，会使孩子理解为家长的恐惧，于是更加重孩子的恐惧情绪。

场景 8 刚买的气球飞了

大家有没有遇到过，刚给孩子买的新玩具或用品，没过一会就丢失了？对于这种情况，你会如何处理？

1. 场景

你带 3 ~ 5 岁的孩子出去玩，看到氢气球就给孩子买了一个。孩子非常高兴，拿着气球到处跑。你提醒他要把气球拴到手腕子上，否则氢气球就会飞走。但孩子不答应，还用手抓着拴氢气球的绳子高兴地玩。果然没过一会，孩子一不小心就让氢气球飞上了天，此时孩子哭了，你会怎么处理？

2. 常见的处理方式

这个场景，或类似的情况，是父母极容易遇到的。记得我小的时候，有一次买了五六本连环画，当时得瑟得不行，非要自己拿不可，结果在路上就丢了。为此我哭了许久。当时是怎么解决哭闹的，我已经忘记了，但连环画肯定是没有重新买。不过，我由此也长记性了，在后来的生活中，几乎就没有丢过东西了，呵呵。

对于这种情况，从处理的角度来看，无外乎是不买和再买。

不买，则需要解决孩子的情绪问题；方法当然是可以多样的。再买，则相对简单，孩子的情绪立即可以缓和下来。但如果这样，孩子在无形中会得出一个结论："如果我把玩具弄丢了，只要哭了，爸妈一定会再给我买一个!"这样，孩子不仅没有得到教训，也会养成不珍惜东西的习惯。

所以当孩子因自己的不慎丢了东西，我倾向于父母不再买。当你决定不买的时候，几乎100%的孩子都会有情绪的，严重的甚至会大哭大闹。这就需要家长在处理上有一定的技巧，强硬的拒绝而又没有安抚，对孩子的打击是蛮大的，也对以后孩子的成长不利。

这个场景，从儿童教育上讲，如果想处理得好，就会牵涉许多方面的能力，如孩子的情绪教育、沟通方法、界线管理、科学教育、细心教育、逻辑推理教育、挫折教育、家长的预防方法，等等。所以，在生活中发生的许多微小事情，都是一个教育孩子的契机，一个好的家长，只要能抓住50%的机会，你孩子的成长就会非常顺利，以后也会少操许多心。

从孩子的角度看，不想把氢气球拴在胳膊上，有下面的几种可能：第一，由于认知的不足，一些孩子不能理解氢气球不拴在胳膊上，就会飞走这样的因果关系；第二，就算有些孩子知道，可孩子自以为有控制氢气球的能力，但实际上他们并不具备；第三，拴在胳膊上，不仅不舒服，玩得还不痛快；第四，有可能对你说的反感，故意不听对着干。

3. 理想的方式

所以，对这样类似的事情，家长需要从下面几个方面考虑：

第一，孩子的情绪教育上，要认同孩子的各种情绪，包括负面的。当孩子丢了氢气球，而你又没有买的时候，孩子的情绪一定是负面的，此时就不能不管不顾，一定要用倾听、共情的技巧，让孩子知道父母是理解他们的，认同他们的情绪。

第二，与孩子的沟通方法上，如何说孩子才会听，也是非常重要的。当孩子丢了氢气球，大家看看两个妈妈分别是怎么说的，自己进行比较。

妈妈甲："妈妈之前就对你说了，不绑好了会飞走，你不信妈妈说的话，这下真的飞走了，你该信了吧？"

妈妈乙："气球去找好朋友白云去玩了，如果下一次想拿着气球多玩一会，就拴在胳膊上，如果想看气球飞到天上，就放开手，好吗？"

第三，孩子的界线管理上，需要让孩子明白，欲望和要求是要有限制的。当孩子因为自己不小心丢了氢气球，再买就是不合理的要求，父母有权力说不，这样孩子才能学会节制。当然，在孩子哭闹的时候，就需要在认同孩子的情绪基础上，家长做到"温和而坚持"了。

第四，孩子的科学教育上，对大一点的孩子，就可以讲为什么氢气球会飞走。如果你能再和生活中的其他现象结合，就更好了，比如吹泡泡、洗澡时玩的鸭子，等等。但不太建议给 3 岁左右孩子讲，由于认知的原因，讲了他们也不会理解。但可以说"氢气球会飞"。

第五，孩子的细心教育上，这也是一个非常好的机会让孩子学会珍惜。当孩子丢了氢气球，且知道不会再回来了，一般情况下，下次就会比较珍惜和小心了。现在的孩子，有很多都不懂得珍惜和细心，很大的原因就是家长的过分满足。在这点上，孩子和成人一样，越是容易得到的越不珍惜，需要努力得到的反而守的很紧。

第六，孩子的逻辑推理教育上，对大一点的孩子，就可以借题发挥了。只是这个对家长的要求稍微高一点，略微不注意就变成上面的妈妈甲了。孩子对因果之间的联系和推理，只能从直接经验和可以观察的结果中得出结论，比如你事先告诉孩子，氢气球不拴就会飞走，在没有真的飞走之前，孩子不会理解。当真的飞了，下次你再和孩子说类似的事情，他们就能明白了。

第七，氢气球飞走就是典型的挫折教育。不能从挫折中得到经验教训的孩子，是没有什么希望的。当挫折真的来临，家长要帮助孩子总结，以便从中学到一些经验。所以在孩子丢了氢气球以后，等孩子情绪稳定后，按照妈妈乙的说法，就可以让孩子明白自己的问题所在。

第八，在预防方法上，孩子丢了氢气球，父母多少是有一点责任的。对于幼儿，由于孩子认知有限，不可能像成人那样，进行理性的分析和决定。而且，氢气球飞走是大概率事件。所以，事前家长可以做一些预防性、针对性的工作，比如你建议孩子，把气球拴在树枝或小玩具上面，这样孩子就可能更愉快地接受。

不管怎么样，在生活中发生了一件事情，家长都要想办法变成对孩子有利的教育机会。也只有这样，才可以使儿童教育的效率最大化，同时增加孩子的学习兴趣。善于利用生活事件的父母，才是真正会教育孩子的父母。

场景 9　吃独食是被 "逗" 出来的

很多人在看到天真可爱的孩子时，都会忍不住会去逗一下。我举一个非常常见的例子：

1. 场景

你看见自己的孩子，或其他非常可爱的孩子，正在吃好吃的东西，如冰激凌，你说："这冰激凌好像很好吃，给我吃一点好吗？"

如果是我女儿遇到这种情况，她会非常大方地把冰激凌递过来。这个时候，你作为大人，你会怎么办？

2. 生活中的分享教育

在孩子的言出必行和分享的教育上，当我们说了又不去做，这会让孩子感到困惑，不但让孩子觉得所谓的 "分享" 其实不用真的 "分"，还从你这里学会了说谎话。所以，看到陌生孩子在吃东西，不要去 "逗" 孩子要吃的，除非你不嫌弃，会主动的吃。

因此，上面的例子，正确的处理方式是：吃一口，而且是一大口！当孩子认真的时候，我们也应该用认真的行为去回应。而错误的处理方式是你对孩子说："谢谢你，你真大方，我不吃了，你自己快吃吧！"

3—6岁的孩子是非常单纯的，对真假没有很强的分辨能力，他们不像成人一样，能从话语上区分玩笑和认真。

所以，当外人问你孩子要东西吃，最后又没有吃的时候，你需要抓住机会，鼓励和教育孩子。也就是说，你要马上肯定孩子分享的行为，然后说对方这样做是不合适的。这种情况也是我经常遇到的，我本人可不顾及那么多，发生后，我会及时和对方说，我们家的规矩是要了就必须吃，否则你就不要问孩子要。

比较麻烦的是，当家长一直采取要了不吃的错误方法，次数多了将导致孩子对这句话形成免疫。孩子明白只要自己表现得"大方"，就会得到赞赏；而如果不给，大人反而会继续"逗"他。所以很常见的是，当你问孩子要东西吃，孩子先将东西"大方"地给你，眼睛却仍是紧紧盯着，看到东西原样拿回来，脸上又重新得意地笑了。

此时，有一些成人的做法有很大问题，看着孩子眼巴巴的样子，会故意继续"逗"，如拿过孩子的食物，假装要走。可孩子不知道，以为东西要回不来了，只好大哭起来。

当孩子对此场景"身经百战、训练有素"以后，想让孩子明白什么是真正的分享就比较困难了。

3．生活中的分享训练技巧

假若你的孩子正是因为此种情况，不愿意和别人分享，你可以试试下面的方法：

1）不要给孩子物质奖励；

2）吃好吃的东西时，让孩子一起参与分，并让孩子先给长辈端去，最后才是孩子的；

3）给孩子的东西，要和孩子一起吃，并预先说明不是专门给他的；

4）经常问孩子要东西吃，然后真吃，再对孩子说出你的心情，但不夸奖孩子。

对 2—4 岁的孩子，当你向孩子要东西的时候，孩子可能不愿把手中的东西与别人分享，这是非常正常的现象。这个年龄段的孩子，刚刚建立自我的概念，希望有强烈的自主能力。所以，孩子有权利捍卫自己喜欢的东西，你不能强求孩子。这和不让孩子随便拿别人的东西，是一样的道理。

如果家长为了自己的面子逼着孩子"分享"，就会对孩子的价值观和物主权认知造成混乱。比较好的方式是告诉孩子，东西是你的，你愿意给就可以给别人，但是你给了以后就不能再要回来，你的东西就少了，你自己来决定吧。

最后，希望大家明白，"逗"孩子并不是一种好的行为，如果方式不正确，会对孩子成长产生不良影响。孩子的许多不良习惯和行为，与我们成人的"示范"和"培养"作用，有很大的关系。

场景 10　怎样选择兴趣班

最近和几个家长聊天，说起兴趣班的事情，说目前报名参加学前兴趣班的现象很普遍，在座的也有许多都替孩子报了班。针对这个问题，大家都问到底应该不应该上呀？说起兴趣班，顾名思义就是能让孩子比较兴奋，很感兴趣，能给他们带来乐趣。

1. 场景

非常有意思的是，大家也说起自己小时候的情况，谁都记得的爬树、偷苹果、在院子里和小朋友瞎跑、玩打仗、跳皮筋、看马戏、过家家、盘腿斗鸡、养蛐蛐，等等。一回想起来，每个人都有一点兴奋，感觉没有玩够。

可是，当说起自己孩时最失落的事情，无外乎是爸爸妈妈工作忙陪的时间少、自己特想做的事情都被压制了，个别的还很"恨"家长，小时候自己一点兴趣也没有，却逼着自己学这学那，结果导致自己对此一直不开心。

于是，有家长反应过来："我们是不是把我们父母当初的做法，又用到我们的孩子身上？他们不仅没有我们当时的游戏，我们还在逼他们或压制他们。难道我们真的是这样对待我们自己的孩子，把自己的希望、意愿加到他们身上?"

2. 如何选择兴趣班

确实，现在许多的家长在不自觉地重复当初自己父母做的事情，而且还有一个非常好的理由："我这一切都是为了你好!"但对于学龄前的孩子，上不上或上什么样的兴趣班，不仅要关注孩子兴趣和意愿，并结合孩子的生理特点来考虑。否则，你会拿牺牲童年的快乐为代价，换来以后对学习的逆反心理。

1) 从学龄前孩子的生长方面看

对于尚处于身体发育时期的孩子而言，身体组织结构和器官功能已有所加强，手部小肌肉有较大发展，动作逐步精细化，但灵活程度、力度等都不够，同时，神经细胞脆弱，易疲劳，充足的睡眠和适当的运动是身体机能正常生长的关键。

所以，游泳、陶艺、手工制作类的兴趣班不要早于 4 岁上，钢琴、提琴、舞蹈、芭蕾、画画、书法类的最早从 5 岁开始，足球、篮球、武术、跆拳道等最好 6 岁以后。如果太小就让孩子尝试，特别是需要手指的细小动作的，会导致学习效果不佳，这对他们建立学习的自信心不利。此外，枯燥的重复性训练容易让孩子很快失去兴趣。

2) 从学龄前儿童的认知角度看

幼儿期是儿童语言能力发展迅速的时期，也是孩子增加词汇数量最快的时期。在记忆上，5 岁以后经过诱导，可采用视觉复述策略和看事物通过特征来定位的策略。到 5—6 岁时，孩子掌握了一定的概括能力，抽象思维也处于萌芽状态，并有一定的推理能力。

所以，音乐、美术鉴赏、自然认知（如认知植物）等可尽早开始，围棋、象棋、识字、英语语法类的训练最早从 5 岁开始，绘画技巧、写作、算术、走迷宫、复杂拼图、科学实验等最好 6 岁以后。如果太小就让孩子尝试这些需要大量抽象思维支持的活动，反而并不适合孩子的身心发展。

3）从学龄前儿童的社会性发展角度看

学龄前孩子，其心理发展的主要任务是获得主动感、克服内疚感，主要在于争取自我主张，以及活动和行为的自主性、自由权，开始模仿性地、创造性地参与成人的社会生活，使自己感觉到"我能行"的力量。

所以，对学龄前孩子而言，培养他们正确的道德观和爱心、建立良好的界线、发挥他们的想象力、展现勇敢的精神、具备良好的学习注意力，这些都是孩子成才的基础。如果孩子缺失了这些，以后将难以适应社会。而这些，好像不是哪个兴趣班可以实现的。

3. 我对兴趣班的态度

不少家长攀比心切，为孩子报了各种兴趣班。如果为了丰富孩子在幼儿园之外的生活和动手等能力的发展，为孩子选择一些手工课、舞蹈课，也是很好的方式。但前提是，父母对此不要太功利。

但是，一些专业性较强、思考性强的兴趣班，是在孩子的能力还不具备的情况下，违背了学习循序渐进的规律，忽视了孩子内心的真正需求。也许有的孩子可以在高压下，把并不喜欢的东西学好，但对孩子而言，这是一个痛苦的学习过程。表面看是孩子有毅力、懂坚持，可实质是强压破坏了他们学习的信心和欲望。

学龄前的孩子，虽然需要知识的获得，但更重要的是养成良好的道德和习惯、掌握为人处世和学习的方法。但这些，都不是能在学前班可以得到的。

所以，家庭才是孩子的第一学校，父母是孩子的第一老师。作为父母，必须为孩子的将来打下良好的基础，不能指望着自己只要花了钱，把孩子送到最昂贵的兴趣班上，就自然能"收获"一个品学兼优的"优质儿童"。

理论上讲，不管学龄前还是学龄后，良好的家庭环境和大自然都是孩子最好的兴趣班。当你们陪着孩子给他读故事、玩一些孩子喜欢的游戏，加上到大自然中进行陶冶性情，孩子的好奇心、探索精神可以得到充分发展，同时孩子也会从你身上学到良好品德。

4. 对于已经上兴趣班的孩子

对已上兴趣班的孩子，有几个注意事项：

1）兴趣班是对孩子兴趣的强化，并获得一定的技能。所以，不要让孩子担负起父母儿时的愿望或兴趣。

2）征求孩子意见不能带出自己的情绪和期望。学龄前孩子处于做"好孩子"的阶段，他们会表面迎合你，但实际内心不是茫然就是抵触。

3）不要只重结果，而忽视过程。对孩子，学习的过程远比结果更重要。

4）不妨与孩子一起学习，如果父母也能积极参与的话，就会给孩子以鼓励。

5）学龄前的孩子兴趣常常不稳定，孩子真的不想再去就不要勉强，否则会让他产生逆反心理。被迫去会导致注意力不集中，养成习惯更可怕。

6）找会教孩子的老师。有的教师专业知识技能较高，但不了解幼儿年龄特点和教育规律，教孩子过程中，会导致孩子因此而厌学。

7）不应过早对低龄幼儿进行技巧性、知识性过高的培训。

8）在数量上，最好只选择一个，最多两个。

当然，我并不否认早期开发孩子的智力，尤其是右脑的开发、语言能力的训练，是有科学根据的，也有一定的成效。但智力的较量，并不是孩子未来的主要的竞技场，孩子在未来竞争，更多的是人格、品格上的较量。家长们要着重培养孩子这方面的东西，这才是基础中的基础，才是孩子真正的"人生起跑线"！

场景11 遇到他人炫耀孩子

前不久，一个妈妈和我说起一个经历：

1. 场景

有一天她和另外一个家庭带着孩子出去玩，2个孩子都是3—4岁。在玩的过程中，对方孩子在家长要求下，当众表演了几个节目，不仅得到了各位家长的一番夸赞，还得到了餐厅服务员姐姐的小点心奖励。而我的朋友，因为自己的孩子没有拿得出手的"才艺"，所以心中不免有些沮丧，而且也担心孩子会产生不良情绪。

与她交谈的时候，我问了几个问题：

你是否感觉自己的孩子不如人家的？回答：好像还没有，但是……；

你是否知道孩子的感觉？回答：好像不太高兴；

你自己当时的情绪是？回答：好像也不太高兴；

如果你孩子有特长，你当时是否也会让她表演？回答：大概会；

你是否一直惦记着这件事？回答：是。

从上面的回答，大家应该可以感觉到，几乎所有的家长都不认

288

为主动要求孩子"展示"特长，是一件错误的事情。所有父母从孩子降生那一天起，就希望自己的孩子不比别人差，甚至，比别的孩子都优秀！

2. "炫耀"孩子是错误的教育理念

我认为，一个父母主动要求自己的孩子展示某种技能，且目的只是为了获得他人赞美的行为，这就是炫耀。另外，孩子为了获得赞赏，主动展示自己的技能，也是一种炫耀。而孩子出于某种兴趣、爱好，不经意间展示了自己的能力，间接获得赞赏，就不能算炫耀。

我们为孩子自豪本是好事，孩子的一技之长，是为了开发孩子的智力，培养他们的兴趣，不是家长间炫耀攀比的工具。可这个世界上，喜欢炫耀的父母往往随处可见。如果这样的事情发生到你的身上，你也不必困惑，其实是有办法解开你和孩子的心结的。

你作为家长，一定要认识到"炫耀"自己的孩子，是一种非常错误的心态和做法。

当家长喜欢"炫耀"孩子这样做的时候，孩子从我们身上学到的是：

1）父母从来不关心我的喜好和感受；

2）我只要按照爸妈的要求进行表现，就能使爸妈开心快乐，也是回报父母的最好方法；

3）我只能按部就班地随着爸妈安排的路去走，否则什么都没有，不用考虑我喜欢什么；

4）我知道了怎样才能获得赞赏，没有赞赏和奖励的事情，我不会去做；

5）遇到比我能力强的，一定要躲避，避免因为爸妈丢脸而挨说；

6）其实能不能背出唐诗，我一点也不在乎；

7）赶快表演完吧，我还想去玩别的呢。

而这样"炫耀"孩子的家长又得到的是什么呢？

1）在亲朋好友面前挣足了面子，短时间内大大满足了自己的虚荣心；

2）将自己的意愿强加到孩子身上；

3）当其他孩子比我的孩子强的时候，我会觉得失败；

4）当其他孩子比我的孩子强的时候，我会觉得自己的孩子真笨，看来还得多加训练；

5）孩子在生活中出现了不够好的表现，就倾向于拿他与其他的孩子进行对比，对孩子冷嘲热讽，或是恨铁不成钢。

3. 正确面对其他家长"炫耀"自己孩子

当你在外面真遇到"炫耀"自己孩子的家长，你完全没有必要感到不好意思，你需要做的是：

1）如果这个人是你的亲朋好友，你应该含蓄地劝说对方；

2）自己的心态一定要放正，千万不要拿你自己的孩子去进行对比，例如不要说："看，小哥哥唱得比你好！"；

3）如果对方孩子的表演很出色，则客观、恰当地赞美孩子。用欣赏的眼光去看待他人而不妒忌，也是孩子需要学会的；

4）不必为了面子勉强赞美对方的孩子，尤其是在孩子的表演确实乏味的时候；

5）找机会把此事岔开，转移孩子们的注意力；

6）不要因为对方的孩子确实"有一手"，而表现出强烈的羡慕甚至嫉妒；

7）把单独一个孩子的表演，变成两个孩子都可以参与的游戏，让自己的孩子也能快乐地、没有负担地参与进去；

8）不拿自己孩子的特长进行"回击"。

4. 要关注自己孩子情绪

一般情况下，孩子遇到另外一个孩子"炫耀"本领，会出现两种表现，一是非常好奇、羡慕，感觉好玩，情绪也会比较高涨；二是躲避或者表示不屑一顾。第二种表现中，躲避和不屑，这两种情绪其实是一种情况，都说明孩子对对方的表演非常在意，只是对外给人感觉是两种极端。

所以，当你遇到第一种情况，你也要表示非常好玩，可以对孩子说："真有意思，爸爸也想学，咱们一起找小哥哥，让他教我们?"这样的处理，不仅可以避免尴尬，而且还能把此种情况转换为学习的兴趣与动力。

需要注意的是，一定不能对孩子说下面一类的话："我家孩子笨，不会这个。""我家孩子要是会这个就好了!""小哥哥真棒! 比你强多了!"

针对第二种情况，若孩子的情绪还算稳定，比较好的做法是不理会，并想办法转移孩子的注意力。你能马上"忘记"此事且不比较，已是对孩子有很大的帮助。若孩子情绪比较低落，你可以这样说："这个动作爸爸都做不到呢!"当你降低你的身段，孩子就会平衡许多，而后你在想办法调整孩子的情绪。

比较困难的情况是，你的孩子对此不屑一顾，这表示孩子内心是非常在意的，他感觉到自己和你都没有"面子"了。出现这种情况，往往和你平时的示范有关，想解决述真不是一下子可以解决的。出现了，只好先共情，理解和认同孩子的情绪。

所以，面对这样的问题，大家要先明白孩子内心的想法。孩子是完全独立、有个性的生命体，他们不可以成为让我们炫耀的工具。其实，我也不能免俗，每当听别人夸自己孩子的时候，也很高兴。但是，我会时刻提醒自己，尽可能不做拿孩子炫耀的事情。

大家要知道，作为父母，我们真正的成功，是我们的孩子有思想，并能够把自己的心迹向你表露，可以与你探讨生活的得失和困惑，可以发表自己的意见和建议，可以自主把握自己生活的方向。为人父母者，就是孩子需要鼓励的时候，我们给他信心；需要督促的时候，我们给他提醒；需要引导的时候，就给他指明道路。

9.亲子教育实例问答

本部分选编于作者在《中华家教》《孩子》等多本亲子教育刊物上的案例解答。

1. 小孩 1 岁半脾气大怎么办?

【场景】孩子才 1 岁半,但是脾气大得很,一点小事就急,和别人争持他只能赢不能输。这个可能有遗传,我和我爸脾气就很急,家里其他人都很温和。他现在对谁都不怕,很任性,我该怎么办?

【解答】孩子发脾气并不是坏行为,只是一种情绪发泄,是与生俱来的基本情绪感受,也是重要的交流方式。但每个非正常表现的背后,都有一个"正常"理由。所以家长不能过度焦虑,要找到发脾气的背后原因,并想办法解决。

首先,孩子开始出现自我意识萌芽,想证明自己和别人有不同,并证明自己的力量。孩子享受说不,甚至是为了说"不"而说不。对于这个年龄段的孩子,这都属于正常现象。

其次,婴幼儿是通过模仿来学习的。在 0—3 岁,妈妈往往是孩子的第一抚养人,几乎完全是孩子学习、模仿的对象。若妈妈脾气过于暴躁,孩子恐怕也爱发脾气,所以妈妈尤其要学着克制。至于发脾气是否遗传,目前争议较多,我个人倾向于后天习得是最大的影响因素。

第三,孩子有可能已进入秩序敏感期和执拗期,也就是"可怕的两岁"。这是孩子发展必经阶段,正常过渡 4—6 个月就结束了。所以,家长应留意孩子日常习惯,尊重他对秩序感的要求,同时在非原则问题上避免与孩子发生冲突。

对孩子的执拗期,家长要有思想准备,知道会在何时发生,有什么状况出现，有哪些可能的应对方法。家长要多给孩子选择机会，让他有自主感，但避免开放性选择而引起新的麻烦。比如家长预先选好2—3个，然后再让孩子选择。另外，若父母有做错的地方，该认错就认错。

另外，1岁半的孩子语言表达能力有限，越想说越说不出来，就越生气。当孩子发脾气时，可帮他说出其烦恼，确认他想要什么和他的感受，而给孩子拥抱或身体接触有助于安抚情绪。所以，家长平时要鼓励孩子用平静方式说出自己的需要，在孩子能做到不发脾气时就及时表扬，让孩子知道你注意到并赏识其好表现。

2. 为什么2岁儿子不让我上班?

> 【场景】最近每天早上我上班，2岁的儿子都不让走，哭得声嘶力竭。我给他讲了"妈妈上班班，挣钱"，他说"不上班班"，我说："上班，买奶粉玩具"，他说："不要"，无论我怎么哄他就是不行。我该怎么办?

【解答】这是典型的分离焦虑，是孩子缺乏安全感和对父母依恋的表现，也是心理断乳期的正常表现。孩子这样做，是为了寻求安全、关注和表达恐惧情绪的一种有效方法。家长对此不用太过于紧张和焦虑，但有条件的话，建议3岁前减少母子分离，使孩子的安全感充足。在方法方面，以认同和理解孩子情绪为首要，让孩子深信父母是爱他的，也不会抛弃他的。同时给孩子一段适应期，让孩子和其看护者有较好的关系，帮助孩子减少焦虑和不适应行为。另外，有些家长对孩子过分关注和保护，当孩子离开自己视线时，就总想看孩子是否安全或者愉快，这也加剧孩子的焦虑。

从本例中的妈妈来看，这个妈妈处理是有问题的。她并没有认同孩子的情绪，其解释都是站在成人的角度来说，孩子不会明白"不上班"和"没有奶粉"之间的逻辑关系。对孩子而言，看到的是妈妈要离开自己，妈妈也丝毫不知道自己想要什么，妈妈的各种许诺都是想"立刻"离开自己而已。需要提醒的是，趁孩子不注意悄悄离开是非常不可取的。

· ·

3. 为什么女儿不愿和小朋友玩？

【场景】女儿 2 岁多，性格内向胆小，不愿意和小朋友玩，看到有小朋友来，每次都找借口离开，比如说自己想睡觉或要尿尿之类的。我跟她说了多次，要学会与人相处，以后进幼儿园都是小朋友，你这样会很孤独。看样子听懂了，但下次还是原样。我该怎么办？

【解答】两岁的孩子不想和伙伴玩，是正常且符合该年龄段的特点，通常孩子到 4 岁才有可能真正一起玩。按文中描述，家长应观察孩子是否属于慢热型。若是则孩子需要较长适应时间，要让他们按自己的节奏和特点适应环境，不要施加压力。当有些孩子在表现得退缩时，恰是想先观察和学习，当确信自己安全和有信心时，自然会参与。这种应对不仅不是问题，反而是孩子在用他自己的方式长大。

此外，孩子安全感不足，也会对陌生环境和人有强烈抵触。补足孩子的安全感，需要父母给予足够的关注、倾听和接纳。当孩子知道父母永远都会接纳他本来的样子时，就不会有压力和焦虑了。

最后提醒家长，想让孩子和其他小朋友玩，不能是父母单方面的意愿。当父母总以成人标准，或是其他孩子的表现来衡量自己孩子表现时，孩子就会感受到压力。你越关注，他就越回避。倘若因此责备孩子，则愈发激起孩子内在的抗拒。所以，建议家长先观察孩子安全感是否充足，再根据孩子的气质特点，从熟悉的玩伴入手，做一些可吸引孩子们注意力的游戏，鼓励孩子参与。当然，家长自己的人际交往示范也很重要。

4. 我 2 岁女儿外出总让抱怎么办？

【场景】我女儿刚满 2 岁，很会说话。每次出门她都要抱，不肯自己走路。她还有很多理由，什么路上有汽车不安全，路上会跑出一头大灰狼把我吃掉，地上有石头会把我绊倒，等等。把她放在地上她就闹，死活不肯自己走，我真拿她没办法！

【解答】这孩子很聪明，懂得用语言达到目的和控制家长。家长应巧妙"驳斥"孩子不合理的借口，然后"温和而坚持"地执行教育策略，孩子自然会知道有些事情必须自己做。当然能采取一些游戏方法，如比赛跑步、边走路边寻找"宝藏"等，也是可取的。

那么如何应对本案例中孩子的"歪理"呢？对"路上有汽车不安全"：妈妈会让你走里侧，不会让汽车碰到你；对"会有大灰狼"：城里没有大灰狼，我们出门时也从未见过。只要看见了妈妈就立刻抱你；对"地上有石头"：世界上到处都有石头，你能避开石头走路，说明你长大了、更能干了。

当孩子理屈词穷但就是坚持不走时，家长一定要做到温和而坚持，态度鲜明、说到做到。比如说"如果不走路，那我们只好回家了，这是你的选择吗？"当孩子依然不走，那就真抱回家。若孩子哭闹，就采取认同情绪、倾听、共情的方式化解。假设孩子已经消耗许多精力而累了，那就抱吧，这是很合理的需求。

* *

5. 孩子想吃糖就骗孩子说没有？

【场景】我知道骗宝宝是不对的，但有时候这个方法确实最好用。比如宝宝晚上非要吵着吃糖，对他说"超市关门了，买不到了"；再如他坐了一次摇摇车，还要坐第二次，对他说"车坏了，明天才能修好"；再比如，有人想抱一下他，他不愿意，就说"阿姨带你去买糖"，其实并没有买。这种说法是不是也不好呢？该怎么处理类似情况呢？

【解答】用骗孩子方式来安抚哭闹的孩子，是偷懒、敷衍、没有耐心的做法，会导致很多严重的"并发症"。这等于示范孩子如何说谎，不仅混淆了孩子的界线和是非观，同时也会伤害孩子对父母的信任和安全感。

为孩子立界线，对其正当合理的需求，父母要主动、尽量满足。而对不合理要求，特别是危害孩子身体健康的，父母必须"温和而坚持"地拒绝，但不能骗孩子。例如上面吃糖事件，该不给就是不给，哭出大天去也不能给。这时尤其要注意，大人之间一定要一致，绝不能一个黑脸一个白脸，否则孩子就知道这里面有空子可钻。

此外，也不能为平息孩子的哭闹而找借口骗孩子，尤其是很容易发现真相的借口。像"摇摇车坏了""阿姨带你去买糖"这样的谎言，一旦被孩子戳穿，他一定会明白在骗他。久而久之，就算日后你有真实合理的理由，孩子也不再会相信你，且无形中他也学会利用谎言来达到目的。

第三，孩子有可能提出不合理要求时，最好预先和孩子约定好条件。上述摇摇车事例，最好在带孩子去玩之前，就约定好今天只玩一次。若孩子玩过一次还要继续玩，那就直接把孩子抱开，即使哭闹也不要妥协。

在孩子 3 岁左右，父母一定要开始建立界线，但界线必须是清晰、合理、可执行的。规则一旦建立，绝不能轻易破坏。当孩子用尽哭闹、耍赖、要挟等各种手段都不能达到目的，他自然会放弃并乖乖遵守界线。而不能适应界线的孩子进入幼儿园或学校后，不仅会被他人排斥，更会感觉挫败和自卑。

最后建议，不管孩子多大，他都是独立的人。若他不想让外人抱，那么请尊重孩子意见。那些可以随意任人抱的孩子，表面看来随和可爱，但这也是孩子缺乏界线和危险意识的表现。

6. 要不要给 3 岁孩子买早教机？

【场景】3 岁儿子最近受电视广告影响，非要吵着买一个某早教机类的儿童电脑，要 1 000 多块。我只是个普通上班族，觉得买这么个高档玩具太贵了。这类早教机对孩子到底有没有益处？

【解答】首先，3 岁的孩子尽量不要接触电视、电脑。其次，孩子在幼儿期的，所谓的知识学习远不如良好习惯的养成更重要。第三，不管价格如何，请家长先好好思考，早教机到底能给孩子带来什么？若家长能有效的陪伴孩子，和孩子共同游戏，一起亲子阅读，全家人经常到户外游玩，那孩子还需要这样的早教机吗？

对 3 岁孩子来说，沙子、水、积木就是最好的玩具，可以让孩子自由发挥创造力，还能培养动手能力和手眼协调。而多带孩子接触大自然，能够让孩子锻炼体魄、敢于挑战，培养勇气和自信。这些都将是陪伴孩子一生的优秀品质，远不是任何电子产品可以实现的。

7. 为什么孩子刚尿完就又说要嘘嘘？

【场景】有时候睡觉前，3 岁宝宝刚拉过嘘嘘，一下又要"嘘嘘"。带她去拉时，就说"拉不出来"，有时我就会说她"这样骗人是不对的，不能学狼来了里面的小孩"。请问，我这样说是不是太上纲上线了，会不会对宝宝造成伤害呀？应该怎么说比较好？

【解答】孩子是不是真正说谎，要根据年龄及情境来分析。谎言可分无意和有意，无意说谎多发生在 3 岁以下，这是因为孩子认知发展水平较低，逻辑思维欠缺，加上语言表达能力不足，导致判别不了事物的真伪虚实。此外还有可能是记忆能力不足而导致的"谎言"。

到 3—4 岁以后，孩子进入幼儿园等半开放社会后，说谎通常都是有意识的了。这可能是希望引起别人注意，或因害怕训斥、打骂，或受周围人的暗示而说谎，或期望得到赞赏而说谎，或想讨好父母，或想逃避某些事情。

面对孩子各种谎言，不要先想着责备和处罚，而是要鼓励他说出内心真实想法。假设父母只知道打骂，下次孩子说谎时会学得更巧妙。

回到家长的问题，这位家长确有些上纲上线。在生理上，3 岁孩子刚拉完又有便意，是较正常的，也是还不能完全自我控制排泄的表现。此外，孩子也可能把此当成一种游戏。比较好的做法是随着孩子，没尿也不指责。但若孩子安全感不足，可能就是寻求关注了，这要结合孩子其他表现判断。所以，不能上来就指责孩子撒谎，同时，也不能以谎言来应对"谎言"。

8. 怎么判断幼儿园的好坏?

【场景】什么样的幼儿园才能称之为好的幼儿园? 到底是离家近还是硬件或者软件重要? 选择幼儿园真是一个困难的问题。

【解答】我认为幼儿园的办园理念最重要, 这关系到幼儿园的文化和氛围。在判断上, 把握重点是看幼儿园对孩子是否真正尊重, 其天性能否得到释放。其次, 孩子爱不爱上幼儿园, 老师好不好很关键。幼教老师即做过母亲又真正懂儿童教育的, 少之又少。同时, 幼教老师的社会待遇较低, 不可能完全把心思用到孩子身上, 遇到不顺心的事情, 会反应到教育工作中。当然, 若幼儿园的教育理念较先进和开放, 符合科学儿童教育的理念, 那老师也不可能太差。

所以, 若孩子能遇到一个有责任心、有耐心、尊重孩子感受、不训斥孩子的老师, 就真的太幸运了。但判断老师的好坏, 要以孩子的感觉为主。孩子是非常灵敏的, 他们喜欢就是喜欢, 不喜欢就是不喜欢。此外, 硬件的水平也不能从成人角度来衡量, 比如你看到设施非常漂亮华丽, 可对孩子来说却根本没有意义。硬件水平只要符合卫生、安全、便于儿童使用、能满足日常教学这几个大原则, 基本都是可以接受的。

9. 要不要给孩子换幼儿园?

【场景】我女儿9月份开始上幼儿园,可过去2个月了,她还是每天哭,也说不出原因,就是不愿意去,每天早上送去学校都要哭一场。如果孩子确实不适合,或者不喜欢这家幼儿园,我要不要给她换一家呢?

【解答】幼儿园是孩子从家庭迈向社会的第一步,这意味着离开熟悉的家人和环境,去适应新环境和新习惯,和陌生的老师及孩子一起生活,还要遵守各种规则等,这对3岁左右的孩子来说,是很大的挑战。因此入园之初发生哭闹也属正常,不一定全是幼儿园的问题。

孩子不想上幼儿园的原因有很多:可能是孩子有分离焦虑,或安全感不足而怕父母不要自己;在吃喝拉撒等生活细节上不能自理,直接影响入园适应;孩子属于忧郁型,其适应就会慢一些;家中界线规则较少且过于宠溺孩子,导致其无法适应新规则和秩序;家中作息和幼儿园差异较大,有"时差";孩子在家里中心感过强,到幼儿园就有很强的失落感,等等。甚至可能是家长自身就有分离焦虑,不知不觉表现出对孩子依恋或担忧,敏感的孩子捕捉到这种情绪,会变本加厉地抗拒入园。所以,家长要仔细判断是什么原因。

以上任一种原因,都不能靠换园来解决问题,相反还会让情况恶化。家长只有在确信幼儿园有问题的时候,才可以换园。本例感觉上是安全感不足,所以家长要针对性解决,也要允许孩子根据自身特点去适应,同时不要因送孩子去幼儿园而表现出内疚。送孩子入园，态度应温和而果断，不要一步三回头。

- -

10. 教孩子算术为什么不爱听？

【场景】儿子4岁，幼儿园上课时总是东张西望，教的儿歌故事舞蹈，他几乎都不会唱不会背。我给他讲过的故事，他也不爱听。前段时间发现他好像对数数感兴趣，经常自己摆弄手指数，我就想教他，可是他听两句就不理我了。这到底是什么问题，我该怎么办呢？

【解答】出现这种状态，不一定是孩子注意力和学习兴趣有问题。每个孩子都是独特的，有其自己的发展路径，故教育孩子采取强迫学习方法很不可取。同时对儿童的教学，最佳时间点是建立在正开始又尚未形成的机能之上。

孩子在幼儿园不会唱不会背，原因可能有许多，既可能是在老师的教法上，孩子不喜欢被逼迫，也可能是还没有到对应的敏感期。要知道绝大多数4岁的孩子，很难独立完整复述故事或表演舞蹈，这是比较正常的表现，让孩子自由发展就是。

所有孩子都爱听故事，若家长讲得不爱听，有可能是没有选好故事，孩子不喜欢或听不懂；或是讲的太乏味、没有在故事中融入情感。至于教孩子数数，孩子有兴趣却听不下去，往往是家长方法问题或有过高要求了。

这位家长让我感觉，眼里看到的都是孩子的不足，未及时看到孩子长处和表现好的地方，缺乏表扬和鼓励。同时，对孩子期待较高，在与孩子沟通上可能偏硬，需要调整。

11. 听话的孩子情商高？

【场景】有人说调皮的孩子智商高，听话的孩子情商高，这种说法有道理吗？

【解答】这个结论有些笼统和武断。调皮孩子往往表现为机灵好动、求知欲强、喜欢动手、做事大胆、敢于当领导者，并能灵活运用自己的知识和经验，独立想出解决问题的办法。虽然不一定有绝对的高智商，但绝对是自然天性被保护得很好，所以他们充满生命力，最终智力发展水平也会较好。还有一种"调皮"，则出现注意力差、任性、不听劝导、不合作、有破坏欲等现象。这和孩子缺乏界线、习惯不良有关，是孩子利用自己经验来"控制"父母。

孩子听话也分不同的情况。一是孩子比较温和，愿意合作，懂得观察和判断环境，知道如何保护自己。这种孩子往往在心理上社会化发展程度较高，知道如何讨人喜欢、善于利用资源，情商自然不会差。不过，如果一个孩子在四五岁就很擅长这种成人间的人情世故，说明孩子已经过分社会化了，不是好现象。二是孩子可能天性就很温顺，比较胆怯，很少坚持自己的意见，这反而是孩子独立性差、没有自信心的表现，遇事也会没有自己的主见。

12. 孩子咬伤同学竟然被隔离

【场景】儿子上周在幼儿园咬伤同学，我愧疚难当地承担全责也立志要教好孩子。谁知这周去幼儿园，发现大家都在排挤孩子，就连老师也不准他和其他同学玩，自由活动时间专门有人看着儿子，不让他加入游戏。遭遇如此冷暴力，我又难过又愤怒。难道孩子咬人真的无可饶恕吗？这样会不会给他留下阴影呢？

【解答】幼儿园长期隔离和排斥孩子，是不恰当的做法，违背了儿童教育的原则，对孩子有不良影响。可从另外一方面也是可理解的，老师遇到常咬人的孩子确实很为难：一怕影响其他孩子情绪，二怕被咬孩子的家长怪罪。对此，家长可与园方沟通，相信园方也不想为一个孩子占用一名教师的资源，同时家长也要反思自己的管教。

对一个学龄前的幼儿咬人，要看是偶发还是经常。偶发基本可以不管，只要告诉孩子"被咬的人会很疼，这样不好"即可。若是常发则需认真对待，且要了解咬人背后的原因。但孩子第一次咬人时，家长如何处理是很重要的。

对于经常性的咬人行为，一定要及时处理：①家长立刻坚决制止，但不要责备或惩罚孩子，同时严肃告诉孩子你不喜欢他这样做。责备和惩罚会引起孩子愤怒和怨恨，导致日后咬人咬得更凶。另外，不要对孩子以牙还牙；②认同孩子情绪，采取倾听、共情的方式使孩子情绪稳定；③判断孩子咬人的原因，及时从根源上解决，这才不会再犯；④事后要教孩子恰当的情绪处理方式，即不能伤害别人也不能伤害自己，鼓励孩子找父母或老师，把内心的想法倾诉出来。

13. 我的孩子为什么不肯道歉？

【场景】我儿子前几天和小朋友玩，把一个妹妹推倒在地，还不肯道歉。当时我也没有强迫他，回来问他，他说不是故意的。我告诉他，我知道你是不小心的，但是你确实把妹妹推倒了，你应该把她拉起来，说句对不起。可他说："我不要，她不跟我玩，我也不跟她玩，我跟其他小朋友玩。"我真不知道该怎么跟他继续沟通了。

【解答】孩子玩耍发生肢体冲突是正常现象，也是彼此交往、学习的过程。若对方孩子未主动求助，就算哭了，双方家长也可暂不干预，静观事态发展而让孩子自己解决。当然一定要保证孩子安全，避免"冲突"升级，并要进行事后引导。

若对方孩子受伤或寻求帮助，或对方家长干预，或自己孩子逃避，则必须处理，不能因孩子拒绝道歉而放弃管教。否则，孩子就知道有些话可不听，也发现做错事是没有责任或代价的。对先天性格强势、明知自己不对也不肯认错的孩子，就需要家长的变通和智慧，如让孩子选择表达歉意方式，像说"对不起"，或去拥抱对方以此表示道歉。在孩子被赋予选择权时，会因放松而不去抗拒。而孩子继续抗拒时，家长应立即带孩子回家，并取消玩耍时间。

另外，孩子犯"错误"时，基本都知道自己这样做不对，此时家长采取指责、命令、说教方式，孩子反而不再因犯错而内疚了。最好的方法是描述你看到的情景和说出自己感受，这种相互尊重和理解，才能使孩子真正听话。当然，家长能在生活中主动、真诚地道歉，孩子在熏陶下自然知道怎么说。当遇到孩子应道歉而未道歉时，家长就温和而坚持地等待，任何需求都要等道歉后才有。一旦孩子主动道歉，就通过及时鼓励和赞赏来正向强化。

14. 为什么儿子经常活在想象中？

【场景】4 岁儿子非常爱幻想，经常活在想象中。比如睡觉时，他说他会变小火车，于是常常在入睡时很担心，睡不着。最近他又常说，他有一个家在山上，什么都有，很好玩，还约我去玩。爱想象应该不是坏事，但是长期生活在想象中好像也不太好，我该怎么处理呢？

【解答】对于一个 4 岁孩子，在游戏和结合玩耍的情境中，加入很多不切实际的想象，均属于正常。但如果总是沉迷于幻想不能自拔，就值得注意了。家长要在排除孩子心理疾病的基础上，反思自己的教育。

对这个孩子，我个人有如下感觉和猜测：①孩子喜欢生活在想象中，对现实的家不很认可，想摆脱却无能为力，原因可能是父母过于严厉或疏于陪伴，甚至是夫妻不和；②孩子安全感不足，怕家长不喜欢自己，幻想有一个更好的家；③孩子平时不开心，缺乏玩伴没有属于孩子的娱乐；④孩子分不清想象和现实，既有抱怨父母的意思，也说出了自己的生活期望；⑤孩子没有特别喜好，也缺乏运动，无事可做自然陷入幻想。家长想要解决问题，需要注意观察，再根据上面的不同情况加以改善。

15. 女儿总被别的孩子欺负怎么办？

【场景】小区里的有些孩子在家横霸惯了，要所有人都让他，不让就要动手。我跟女儿说，有人欺负你可以还击。她说那样是不礼貌的。但有时越躲越是要被追着欺负，面对这种情况该怎么办呢？

【解答】学龄前的孩子喜爱争吵打斗，是很正常的。绝大多数孩子间的争执，都能自行解决，这是其社会化学习的一部分。家长担心孩子受委屈可理解，但不必过分担心。

根据家长描述，这位女儿没有什么大问题，原因是：①孩子非常有主见，知道打人不好；②孩子未请求帮助，认为自己可处理这样的事情。此时就算孩子哭了，家长也可不理会；③孩子间虽有争执，但吸引更大，按理说孩子是不喜欢和打人孩子玩的，若继续玩，就说明争执能很快化解或对方有很强吸引力。总之，只要孩子自己并没有觉得受伤害，家长就不必过于焦虑。

当然，孩子的应对多少也说明其内心有胆怯，采取了消极的方法逃避争端。对此，我建议家长应教会孩子自我保护，要能够坚持、说清楚自己意见，以及如何维护自己权益。如被人欺负时，要敢于正视对方，并坚决地说"不行"。同时，若感觉有可能被伤害，要懂得寻求帮助，不管是家长还是老师，或是其他可以帮助自己的人。我们提倡的界线，不仅是不能伤害他人，也要学会保护自己。

· ·

16. 单亲妈妈的 4 岁儿子为什么爱哭？

【场景】我是个单亲妈妈，4 岁儿子个子挺高，但非常爱哭。稍微不顺他的意，就会大哭，说"我再也不理你了""讨厌妈妈"之类的。批评他之后，他又会哭着道歉，说"我再也不这样了"。我该怎么教他呢？

【解答】4 岁的孩子说这样"狠话"，有进入了咒语期的缘故，但更深层次的，是孩子缺乏安全感、内心有情绪。由于这位母亲未提及单亲原因，也未说孩子从何时开始出现这样表现。但孩子反复出现这种情况，我认为原因有四个：

第一，孩子到了 4 岁，是确立性别意识和自我认知的关键时期。而这点上，恰是父亲作用最大，妈妈很难取代父亲的角色。单亲家庭由于文化和世俗的原因，易形成封闭的家庭生活，加上孩子在生活中接触男性过少，使孩子无法正确认识男性，也很难形成完整、成熟的人格。

第二，孩子界线混乱。出于补偿心理和担心孩子委屈，母亲一方面不愿严格约束孩子，顺从孩子各种要求，造成孩子缺乏界线。

而另一方面又会对孩子抱有较高期望，在无形中会对孩子有很严的要求，甚至会采取极端的高压、诉苦、寻求同情等方式来让孩子顺从。这种混乱的局面，也让孩子无所适从。

第三，母子沟通成人化。单亲母亲压力大，会感到孤独、无助，情绪不稳定。若是离婚，也许母亲对孩子父亲还有一些恨意。当与孩子沟通交流时，母亲就喜欢把孩子当成唯一倾诉对象，再加上期望孩子表现得像成年人，直接导致孩子承受过多压力，处于紧张不安之中，间接影响孩子的安全感、独立性、自信心。

第四，4岁男孩没有父亲的陪伴，就算嘴上不说，心里也一定有怨言，会积累很多负面情绪，使安全感受到威胁。此时他与母亲之间的关系，就变得更为重要，孩子既会反抗、疏远母亲，又会在母亲身上索取更多关注。

建议这位母亲，首先要让自己的情绪稳定，同时创造条件，让儿子在生活中多接触成年男性，最好对方能多肯定、赞美和鼓励孩子。

· ·

17. 孩子5岁半就上学好不好？

【场景】我女儿是12月出生，上小学的年龄有点尴尬，只能是5岁半或者6岁半。我想让孩子早点上学，以后考大学找工作之类的，年龄上似乎占一点优势。也有人说孩子上学早容易得多动症。不知道早点上小学对孩子到底是好是坏？

【解答】家长说的那些优势，不是核心所在，都是父母单方面期待。孩子什么时候上学，需要根据孩子的身体发育和心智发展情况，以及根据孩子的习惯养成和社会化程度情况来定。在 6 岁以前，孩子最需要的是建立足够的安全感、自我意识、良好界线、稳定的情绪和良好的生活习惯，而这些都是学校给不了的。

从教育的目的来看，学龄儿童是逐步从以游戏为主导，转为以学习为主导。孩子的天性如果在 6 岁之前得到了很好保护，那么孩子就会展现出相应的学习兴趣和求知欲。从社会化的角度看，幼儿园是受保护的"小型社会"，孩子更多受到生活上照顾，而小学则是相对开放、规范的社会，孩子要按照行为规范行事。

当然，如果孩子已经具备上面所说的条件，5 岁半上学也是可以的。但根据心理学和统计学的验证，一般孩子都是 6 岁以后，才初步具备上面的条件，这也是为什么全世界的学校都是 6—7 岁上学的原因。所以，我建议让孩子 6 岁半再上学。否则为我们假想的"利益"而拔苗助长，最后很有可能是得不偿失。

18. 该不该给孩子玩电脑游戏呢？

【场景】儿子今年 5 岁，会自己开电脑找游戏玩，家里的 iPad 他也玩得很转，经常玩得忘乎所以。到底该不该给孩子玩电脑游戏呢？如果要玩，应该怎么引导他？

【解答】我认为不能让幼儿玩任何的电子游戏，主要原因如下：

①孩子分不清现实世界和虚拟世界，容易陷入虚拟的游戏世界，导致人格缺陷和演化为心理疾病；②习惯游戏的强烈声光刺激后，对弱小刺激没有反应，直接导致孩子注意力不集中；③游戏讲究眼、手、脑高度配合，而孩子单项能力都未充分掌握，这直接导致未来有不协调行为；④玩游戏浪费时间，影响孩子寻找其他兴趣爱好；⑤游戏画面会直接进入记忆，且不易被忘记，伤害思考能力；⑥孩子自控能力弱，自己不能控制玩游戏的时间；⑦游戏中有许多的暴力行为，对孩子影响不利；⑧孩子喜欢玩游戏，往往是家长缺乏陪伴，感觉孤独和缺少关怀，孩子利用游戏逃避不顺心的事情；⑨玩游戏是过度视物和过近视物，容易导致孩子近视。

19. 女儿为什么和继母的关系变僵了？

【场景】我离婚好多年，女儿7岁跟着我，再婚之后她与继母相处得还不错。但今年我们生了第二个孩子后，虽然我和继母对女儿还像原来一样好，但是她明显变得很叛逆，说什么她都反对，经常故意找茬，家里氛围变得很紧张。我该怎么做才能让女儿和原来一样呢？

【解答】多子女家庭经常出现这个问题，只不过本例中再加上继母，就更加复杂。第二个孩子出生后，就算父母做得再好，大孩子仍会感到被忽略。而实际上，家长在对两个孩子时间上的分配，一定是"不公"的，孩子也会认为父母"偏心"。对孩子来说，原本

313

自己独享的爱，现在被老二"剥夺"了，这意味着父母的"背叛"或是不再爱她，并由此产生强烈的嫉妒和愤怒。她会故意找茬、作对，甚至是欺负婴儿，以此寻求关注，测试父母是不是还爱着她。

在处理上，家长要先接纳和认同大孩子的情绪，理解她的失望和焦虑。其次，每天一定要留出单独时间给大孩子，聊天或游戏均可，重点是父母一定要专注。以前拍摄的照片、视频，一起制作的手工等，都可以证明"我们曾经细心照顾和陪伴过你"。而孩子故意作对，往往是一种试探。如果此时父母被激怒，就更验证了"爸妈已经不再爱我了"，所以家长要特别的耐心和注意。

现在孩子大约 9 岁了，对于继母问题，完全可以平和、清楚地与她进行"成年人的谈话"。关键是要坦然面对事实，即"继母不是你亲妈妈，她现在有了自己孩子，我知道这会让你感觉被冷落"。同时也要指出，"爸爸永远是你的亲生父亲，继母也一直很关爱你。即使不是亲妈妈，但她给你的爱就是妈妈对孩子的爱"。同时，父亲也要多承担一些责任和义务。

20. 强势妈妈导致儿子长大后女里女气？

【场景】听人说妈妈太强势，儿子长大之后会没有男子气概，女里女气的，是真的吗？

【解答】母亲强势，多是她认为父亲懦弱无能，或父亲长时间不在家，脱离孩子教育。这直接导致母亲在生活中，基本不征求父亲意见，认为说了也白说。甚至还会当着孩子的面，发泄对父亲的不满。但一个正常、健康的家庭，需要父母都实现各自良好的功能，如母亲是温和、善良、慈爱、包容的，而父亲则代表权威、力量、坚毅和睿智。父亲对于男孩塑造男性自我形象有很重要的作用，他是一个榜样，在肯定和认同孩子的基础上，让孩子成为勇敢、自信、有担当的人。

在功能不完善的家庭中，孩子往往会本能地讨好"强者"，如跟着母亲在不知不觉中反抗父亲，不重视父亲的意见。同时孩子对男性本质认识较少，这将导致出现"父爱缺乏综合征"，就在体重、身高、动作等方面发育比较缓慢，并存在诸如焦虑、自控能力弱等情感障碍，在性格上也会变得懦弱、胆小、孤僻、自卑等。

父权丧失的家庭，导致孩子不仅不能从父亲身上学到尊敬权威、明白等级，还会认为男性就是像父亲这样的。当孩子未来进入社会后，可能无法按自己性别角色的规范行事，如孩子无法成为值得依赖的丈夫，有被社会孤立的倾向，难于融入社会。

【作者后记】

这本书的出版，当属于无心之举。一来自己不是专业的教育界人士，二来也还没有把孩子培养成牛津、哈佛的高材生，所以从这个角度来说，本人在"把孩子培养成天才"方面，应当是没有什么发言权的。

不过，社会上越来越多的有关青少年问题的报道，甚至是一些极端案例，让我一直在不断地思考，父母到底应该做些什么，特别是在孩子6岁之前，才能让孩子拥有能够受益一生的健全人格和良好品行，能够让父母安心的把孩子"放飞"？至于教育理论，当代和现代的大师们早已留下了大量珍贵的、无价的理论财富，我等之辈自然不必多谈。而在现实生活里，如何从点滴小事开始，改善和修正家长的行事方式，并提升亲子关系，则是我关注的重点。

本人属于杂家，从我自己有孩子之前，就对教育学和心理学感兴趣，闲散时也看了不少诸如《爱弥尔》《卡尔威特》《蒙台梭利》《斯波克育儿经》一类的书。等到孩子出世以后，也经历了不少的手忙脚乱和困惑，当我习惯性的观察和总结自己以及周边家长遇到的形形色色的问题之后，就有了很多更深一步的思考。

因此，本书中采用了大量生活中的真实案例，通过对现象的描述，引发了对现象背后原因的分析，并结合相关的教育学和心理学理论，在最后给出相应的对策。真实、生活化、场景化、简单化、可操作性强，应该算是本书主要的特点，希望能够对更多的家长有所帮助。

其实，懂得如何处理亲子关系，不仅对家长和孩子有益处，同时因为自身的转变，还能够对成人在工作和生活中的其他关系，有很大的帮助。

一位妈妈在邮件中告诉我，她一向习惯于"超理智"型的沟通方式，有一次她的先生遇到了一件不称心的事情，她张嘴就开始讲道理。可是她越是冷静、缜密的分析，她先生就越是对立，甚至变得情绪激动。就在这时，她忽然想起我建议过的"遇到孩子有情绪，要先共情，再去处理问题"这一方法，于是她就活学活用与孩子他爸共情：先是接纳了对方的情绪，然后帮助对方说出心里的郁闷，真诚表示理解。最后，才提及"道理"。经过这番沟通，这个"大老爷们"终于放下了对抗的态度，自己也表示，其实道理自己也明白，只是心里有点不痛快而已。一旦情绪释放出来了，人也就立刻放松了。此时再来讲道理，就更容易听得进去。

因此可见，正确、有效的亲子教育不仅让亲子双方更加轻松，如果用在成年人的社会里，也会大有裨益。

《生活场景中的教子智慧》这本书的主要内容，是选自本人曾经在博客和各类教育类刊物中发表的文章，经过了重新梳理和编辑而形成的。此外，还有一些新增加的内容，以及在教育类期刊亲子问答专栏的咨询内容。文章内容难免有不周全之处，欢迎大家与我一同进行探讨。此外要感谢重庆大学出版社对本人的肯定，双方都希望在纷纷扰扰的各类育儿观念中，呈现出既有严谨的理论支持、又有较强实用性的方式方法，让更多的父母们轻松面对教子难题。

最后要感谢我的太太给予我的大力支持。因为我们秉持了共同的理念和目标，让我们双方都能够把教育孩子当作是人生中的乐事和幸事。我和太太经常在一起讨论亲子教育的事例，她不仅提供了很多新的视角和观点，还给了我不少有价值的建议。其实，夫妻之间既亲密又互相尊重的关系，恰恰让孩子成为受益最多的人。在此也希望所有看过此书的父母们，都能和孩子一起享受这样的家庭氛围。

父母这个头衔是陪伴我们一生的角色，只要用心，做个好父母你也一定能，借此与所有父母共勉！

如果大家有什么指正和疑问，欢迎通过邮件进行沟通，在此先感谢大家了。我的邮件是：zhangwork@sina.com，我的博客是：http://blog.sina.com.cn/zhangwork。

井中月　2011 年 12 月　于北京

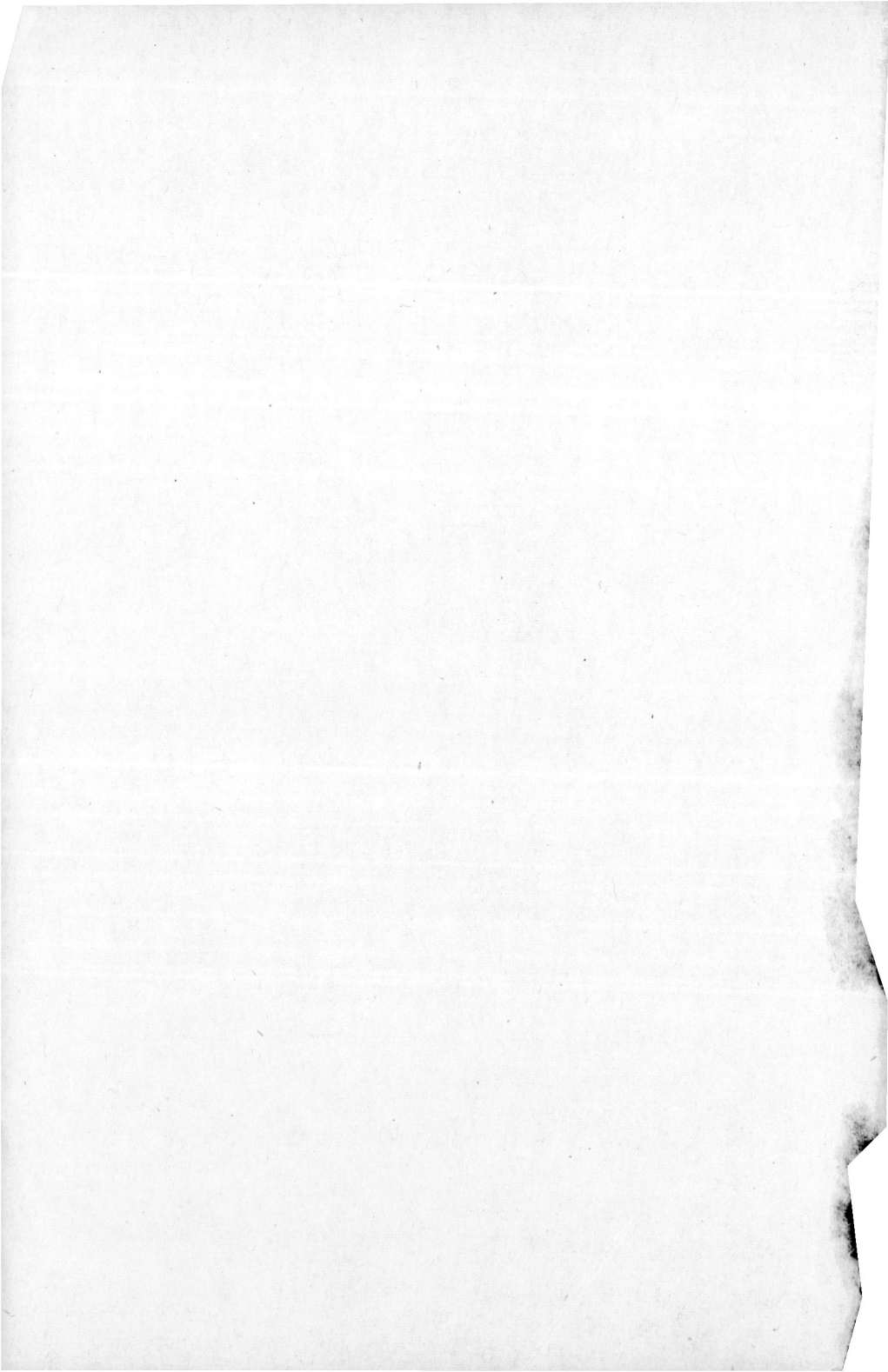